Der komplette Ratgeber zur

Meerschweinchenhaltung

A. K. Bowen

Veröffentlichungsdaten

A.K. Bowen

Der komplette Ratgeber zur Meerschweinchenhaltung –Erste Ausgabe.

Zusammenfassung: „Erfolgreiche Pflege und Haltung eines Meerschweinchens"

Bereitgestellt vom Verlag.

ISBN: 978-1-961846-52-4

[1. TDer komplette Ratgeber zur Meerschweinchenhaltung – [Sachbuch] I. Titel.

Dieses Buch wurde mit dem Ziel verfasst, genaue und verlässliche Informationen zum behandelten Thema bereitzustellen. Trotz sorgfältiger Vorbereitung lehnen Autor und Verlag ausdrücklich die Verantwortung für etwaige Fehler, Auslassungen oder negative Auswirkungen ab, die durch die Anwendung der enthaltenen Informationen entstehen könnten. Die vorgestellten Techniken und Vorschläge sollten nach eigenem Ermessen genutzt werden und ersetzen keinesfalls die professionelle tierärztliche Betreuung. Wenn du ein gesundheitliches Problem bei deinem Meerschweinchen vermutest, wende dich an deinen Tierarzt.

Entworfen von Sorin Rădulescu

Erste deutsche Ausgabe, 2025

TABLE OF CONTENTS

Warum ein Meerschweinchen als Haustier wählen?

Vor allem sind Meerschweinchen (auch Schweinchen oder Cavias genannt) großartige Haustiere! Ich hatte sie sowohl als Kind als auch als Erwachsener! Schweinchen sind relativ pflegeleicht, da sie eine einfache Ernährung haben, generell wenig Pflege benötigen und für Nagetiere eine relativ lange Lebenszeit haben (etwa sechs bis acht Jahre). Aus all diesen Gründen sind sie wunderbare Tiere für Kinder, deren Eltern möchten, dass sie lernen, Verantwortung für ein Haustier

Foto Von
Erin Mannie

zu übernehmen. Aber natürlich müssen Eltern, wie bei jedem Haustier, auch ihre Rolle bei der Pflege eines Meerschweinchens übernehmen.

""Die richtige Meerschweinchen-Pflege ist eine Verantwortung für einen Erwachsenen" **- Peggy Barron from Knoxville Guinea Pig Rescue**

Laut dem Deutschen Tierschutzbund gibt es mehrere Gründe, warum Meerschweinchen keine guten Anfängerhaustiere für Kinder sind, deren Eltern nicht bereit sind, bei der Pflege zu helfen:

- Meerschweinchen brauchen Zeit, um dich kennenzulernen. Und manche werden für immer eine „Hände-weg"-Betreuung bevorzugen, was für ein Kind schwer zu verstehen sein kann.

- Meerschweinchen sind unordentlich (und erfordern viel Arbeit bei der Reinigung).

- Meerschweinchen verursachen viel Wäsche. Handtücher, die beim Baden und beim Spielen draußen verwendet werden, sowie Fleece-Einstreu müssen häufig gewaschen werden.

- Die Zähne von Meerschweinchen können durchdringend sein. Obwohl sie normalerweise nur beißen, wenn sie krank sind oder um ihr Leben fürchten, beißen Meerschweinchen zur Selbstverteidigung – und ihre Zähne können die Haut durchdringen, was zu einer schmerzhaften Abschürfung führt.

- Meerschweinchen benötigen monatliche Maniküren (und du musst beim Schneiden ihrer Krallen unglaublich vorsichtig und präzise sein).

- Meerschweinchen sollten immer paarweise adoptiert werden. Einzelne Meerschweinchen sind oft unglücklich und gelangweilt. Sie brauchen Käfiggenossen zum Reden und Spielen.

Aber solange ein Elternteil bereit ist, die Arbeit zu übernehmen, die ein Kind nicht machen kann oder sollte, sind Meerschweinchen großartige Familienhaustiere!

Meerschweinchen sind KEINE guten ersten Haustiere. Sie sind teurer in der Haltung und benötigen eine ausgewogene Ernährung aus Timothee-Heu, Timothee-Pellets, Lebensmittelqualitäts-Salat und Gemüse. Sie benötigen einen spezialisierten Exoten-Tierarzt und vor allem brauchen sie Sozialisierung mit ihrer eigenen Art und mit Menschen. Aber sie SIND großartige Haustiere. Sie beißen nur, wenn sie um ihr Leben fürchten oder wenn sie krank sind. Gut sozialisierte Meerschweinchen kuscheln mit ihren Menschen und machen niedliche Geräusche, um mit uns zu „sprechen". Ein ruhiges Meerschweinchen ist ideal für körperlich oder geistig beeinträchtigte Menschen. Sie sind niedlich, schlau und haben ihre eigene individuelle Persönlichkeit.

JULENE ROBINSON
Wheek Care Meerschweinchen-Rettung

Wie Robinson bereits angedeutet hat, macht Meerschweinchen noch bemerkenswerter, dass sie unterschiedliche Persönlichkeiten haben. Einige sind lebhaft und aktiv, während andere entspannter und gelassener sind. Deshalb solltest du mit lokalen Tierheimen, Züchtern oder Zoofachhändlern zusammenarbeiten, um das richtige Schweinchen für dich und deine Familie zu finden. Unabhängig von ihrer Persönlichkeit sind Meerschweinchen von Natur aus gesellig und benötigen täglichen menschlichen Kontakt – einschließlich Streicheln, Liebkosen und Spielen.

Sie sind auch sehr stimmfreudig. Sie quieken, wenn sie dich kommen hören, wenn du den Kühlschrank öffnest und wenn du ihnen Futter gibst. Einige Meerschweinchen schnurren sogar wie Katzen, wenn sie glücklich sind und sich bei dir einkuscheln. Insgesamt sind sie sehr interaktive Tiere.

Meerschweinchen brauchen mindestens einen Freund, um sich auszutauschen und zu spielen.

Besondere Überlegungen

Wie bereits erwähnt, sind Meerschweinchen sehr soziale Tiere und benötigen viel Aufmerksamkeit von ihren Besitzern. Wenn ihre Bedürfnisse in dieser Hinsicht nicht erfüllt werden, können sie schlecht gelaunt werden. Sie haben auch ein gutes Gedächtnis und speichern schlechte Behandlung in ihrem Gehirn, solange sie leben.

Langeweile kann verhindert werden, indem man ein zweites Schweinchen zum Spielen anschafft. Es wird tatsächlich empfohlen,

Foto Von Anne Vila

zwei oder mehr Tiere zu halten, die bereits aneinander gewöhnt sind. In einigen Ländern ist es sogar illegal, ein einzelnes Meerschweinchen zu halten! Besitzer sollten jedoch vorsichtig sein, wenn sie ein Weibchen und ein Männchen zusammenhalten, da sie sich vermehren können, wenn sie nicht kastriert oder sterilisiert sind (die Kastration des Männchens ist ein weniger invasiver Eingriff). Natürlich erhöht sich mit jedem weiteren Tier auch der Pflegeaufwand.

> **TIPP**
> **Kaninchen und Meerschweinchen**
>
> Es gibt einen Mythos, dass Kaninchen und Meerschweinchen glücklich im selben Gehege zusammenleben können. Leider ist dieser Mythos genau das – eine Fiktion. Diese beiden kleinen Haustiere können Krankheiten übertragen, die für den jeweils anderen schädlich sind, und können aggressiv werden. Zudem haben Kaninchen und Meerschweinchen unterschiedliche Bedürfnisse und kommunizieren auf verschiedene Weise. Experten empfehlen, diese Tiere getrennt zu halten, wenn du beide als Haustiere hast.

Es ist ein Mythos, dass Meerschweinchen mit einem Käfiggenossen weniger an ihre menschlichen Besitzer gebunden sind.

SARA PILGRIM
Companions Kastrations- & Sterilisationsklinik

Du musst darauf achten, dass du deine Meerschweinchen nicht quetschst oder zusammendrückst. Das verursacht ihnen Schmerzen und macht sie ängstlich gegenüber Menschen. Sie sind relativ klein und empfindlich. Du kannst nicht mit ihnen herumtollen wie mit anderen Haustieren – wie mit Hunden und Katzen. Denk immer daran, dass sie ein gutes Gedächtnis haben, also sollte ihre Assoziation mit dir und deiner Familie Freude auslösen, nicht Angst oder Schrecken. Beim Umgang mit einem Meerschweinchen solltest du immer vorsichtig und sanft sein. Sie reagieren gut auf leichtes Streicheln und Kraulen. Einige Schweinchen genießen es auch, sich an dich zu kuscheln. Am besten

FUNFACT
Keine Schweine

Trotz ihres Namens sind Meerschweinchen nicht mit Schweinen verwandt, sondern Nagetiere. Der lateinische Name für Meerschweinchen ist Cavia porcellus – porcellus bedeutet auf Lateinisch "kleines Schwein". Zudem werden männliche Meerschweinchen als Eber und weibliche als Sauen bezeichnet. Es ist unklar, warum diese kleinen Haustiere nach Schweinen benannt wurden, aber manche glauben, es liegt an den grunzenden und quiekenden Geräuschen der Meerschweinchen.

hältst du sie immer so, dass du Vorder- und Hinterseite ihres Körpers fest stützt. Ihre Wirbelsäulen sind sehr zerbrechlich, daher könnte ein Sturz sehr schädlich für ihre Gesundheit sein.

Neben dem richtigen Umgang mit einem Meerschweinchen sollten noch weitere Maßnahmen ergriffen werden, um sie glücklich und gesund zu halten. Dazu gehört auch die Vorbereitung auf einen Notfall oder eine Katastrophe durch Zusammenstellung eines

Ein Paar Abessinier-Meerschweinchen

tierspezifischen Evakuierungskits in Form eines Reisekäfigs, eines Futtervorrats für etwa zwei Wochen, frischem Wasser, Einstreu und Medikamenten.

Medikamente und Utensilien, die du zur Hand haben solltest, sind Betaisodona-Lösung, antibiotische Dreifach-Salbe, Nagelknipser für Nagelhaut, Simeticon-Tropfen gegen Blähungen für Babys, eine kleine Tüte hochwertiger Pellets (Oxbow, ZuPreem oder Mazuri), eine 1-ml-Oralspritze und eine 3- oder 5-ml-Oralspritze. Apotheken geben sie dir normalerweise einfach, wenn du ihnen sagst, dass es für ein Meerschweinchen ist.

JULENE ROBINSON
Wheek Care Meerschweinchen-Rettung

Du solltest auch darauf achten, dass sie genügend Nahrung haben, um zu überleben, wenn du für kurze Zeit verreist.

Eine Muttersau und eines ihrer Jungen

Wenn du überlegst, Meerschweinchen anzuschaffen, solltest du bedenken, dass sie dämmerungsaktiv sind, was bedeutet, dass sie halb-nachtaktiv sind (aber nicht vollständig). Sie sind hauptsächlich am frühen Morgen und am Abend aktiv und machen tagsüber häufige Nickerchen. Denk daran, dass sie auch sehr stimmfreudig sind, also könnten sie ziemlich laut sein, während du und deine Familie versuchen zu schlafen.

Geschichte der Meerschweinchen

Meerschweinchen (lateinisch Cavia porcellus) gehören zur Familie der Nagetiere. Sie stammen ursprünglich aus Südamerika, genauer gesagt aus den Anden. Nein, sie kommen nicht aus Neuguinea oder Guinea, wie ihr Name vermuten lässt. Stattdessen geht man davon aus, dass sie von Menschen in Ecuador, Peru und Bolivien um 5000 v. Chr. domestiziert wurden. Tatsächlich spielen Meerschweinchen in der peruanischen Folklore, Medizin und Religion weiterhin eine wichtige Rolle. Manche Menschen glauben, dass sie (besonders schwarze Meerschweinchen) sogar Krankheiten diagnostizieren können. Aus diesem und anderen Gründen wurden sie von alten Zivilisationen verehrt, wie den Moche-Menschen, die von etwa 100 n. Chr. bis 800 n. Chr. in der nördlichen Region Perus lebten. Auch die Inka in Peru züchteten von 1200 bis 1500 n. Chr. exotische Meerschweinchen-Varianten.

Sie wurden nach der spanischen Kolonisierung Südamerikas als Haustiere in Europa beliebt und wurden besonders von Wohlhabenden und Mitgliedern der königlichen Familien verehrt. Bemerkenswert ist,

Eine Gruppe amerikanischer Meerschweinchen

Foto Von
Kelly Mastronardi

dass Königin Elisabeth I. von England eine der ersten europäischen Liebhaberinnen von Meerschweinchen war.

Pro/Kontra-Liste der Meerschweinchenhaltung

Wenn du immer noch unschlüssig bist, ob Meerschweinchen das richtige Haustier für dich sind, hier eine Liste mit Vor- und Nachteilen, die dir bei deiner Entscheidung helfen soll .

Vorteile	Nachteile
Sie sind süß und kuschelig.	Wenn du sie längere Zeit außerhalb ihres Käfigs hältst, können sie auf dir urinieren oder koten. (Normalerweise urinieren sie etwa alle 15 Minuten).
Sie quietschen und schnurren, um mit dir zu kommunizieren.	Sie sind nachtaktiv, daher können sie nachts etwas laut sein.
Sie sind klein.	Sie sind wirklich empfindlich und müssen mit Vorsicht behandelt werden. Eltern von kleinen Kindern sollten die Spielzeit beaufsichtigen.
Sie haben eine längere Lebenszeit als andere Nagetiere.	Ihre längere Lebenszeit sollte im Hinblick auf die Kosten für Futter, Einstreu, Spielzeug, tierärztliche Versorgung und Medikamente berücksichtigt werden.
Sie müssen nicht nach draußen gebracht werden und können einen Tag lang allein zu Hause bleiben.	Ihre Gehege verschmutzen schnell und müssen regelmäßig gereinigt werden.
Die meisten sehnen sich nach Aufmerksamkeit.	Du solltest täglich mit deinem Meerschweinchen oder deine Familienmitglieder sollten mit ihm interagieren. Es wird empfohlen, zwei oder mehr Meerschweinchen zu halten.

WISSENSWERTE FAKTEN ÜBER MEERSCHWEINCHEN

01 Sie sind keine Schweine! Sie sind Nagetiere.

02 Meerschweinchen produzieren ein spezielles Pellet (es sieht aus wie ihr Kot, ist aber anders) namens Blinddarmkot, das sie fressen, um wertvolle Nährstoffe zu erhalten.

03 Sie schwitzen nicht.

04 Sie sind Veganer.

05 Babys werden vollständig entwickelt mit Fell und Zähnen geboren.

06 Wenn sie aufgeregt sind, machen sie "Popcorning".

07 Sie sondern eine weiße Substanz aus ihren Augen ab, die sie zur Körperpflege verwenden.

08 Sie haben vier Zehen an ihren Vorderpfoten und drei Zehen an ihren Hinterpfoten.

09 Sie machen viele Geräusche.

10 Meerschweinchen können Tricks lernen.

11 Sie sind gesellig und am glücklichsten, wenn sie in einer Gruppe sind.

12 Junge Meerschweinchen werden als Welpen bezeichnet.

13 Das älteste bekannte Meerschweinchen wurde 14 Jahre und 10 Monate alt.

14 Sie machen häufig kurze Nickerchen, anstatt lange am Stück zu schlafen.

KAPITEL 2

Wo du dein Meerschweinchen herbekommen kannst

Große Tierhandelsketten

Große Tierhandelsketten sind oft die erste Anlaufstelle für viele Menschen, die ein Haustier suchen. Dies mag die bequemste Option sein, da Geschäfte wie Fressnapf und Futterhaus fast überall zu finden sind. Du solltest dich jedoch gut über den jeweiligen Laden informieren, da einige ihre Nager aus Massenzuchten beziehen, was bedeuten kann, dass die Tiere vor ihrer Ankunft in deinem Zuhause nicht richtig versorgt wurden. Dies kann zu gesundheitlichen Problemen (vor allem Atemwegserkrankungen) und vorzeitigem Tod führen. Bewertungen zu lesen kann besonders hilfreich sein, um den richtigen Laden auszuwählen.

Persönlich habe ich als Kind mein Meerschweinchen, Peanut Butter Patches (er hatte kleine erdnussbutterfarben Flecken über seinen ganzen Körper – er war das süßeste!), aus einer großen Tierhandelskette bekommen. Ich war ein Kind und wusste es nicht besser. Glücklicherweise für PBP und mich führte er ein langes und glückliches Leben. Aber nicht jeder hat so viel Glück wie ich. Daher ist es immer am besten, gründlich zu recherchieren und Alternativen wie lokale Geschäfte oder Züchter in Betracht zu ziehen. Heute, als Erwachsene, würde ich empfehlen, nach Meerschweinchen zu suchen, die aus örtlichen Tierheimen kommen.

„Meerschweinchen sollten nicht ‚gekauft' werden. Es gibt viele ausgesetzte Meerschweinchen in Tierheimen und Auffangstationen, daher besteht keine Notwendigkeit, Züchter zu unterstützen, indem man sie von Züchtern oder Zoohandlungen kauft."

MICHIKO VARTANIAN
Orange County Cavy Haven

Als wichtige Anmerkung möchte ich auch darauf hinweisen, dass du immer skeptisch sein solltest gegenüber Geschäften, die Weibchen und Männchen im selben Gehege halten. Laut Julene Robinson von der Wheek Care Meerschweinchen-Auffangstation liegt das daran, dass Schwangerschaft und Geburt für weibliche Meerschweinchen sehr belastend seien.

Robinson betonte, dass es noch gefährlicher sei, wenn unterentwickelte Weibchen trächtig werden, was passieren kann, wenn Männchen und Weibchen zusammen gehalten werden, da Weibchen bereits ab

einem Alter von drei Wochen schwanger werden können. Diese jungen Mütter kommen oft vorzeitig in die Wehen und bringen tote oder sterbende Würfe zur Welt. Aber selbst wenn die Babys irgendwie überleben, hat die junge Mutter typischerweise nicht genug überschüssiges Kalzium (da es von ihrem kleinen Körper zum Wachsen verwendet wird), um einen Wurf zu versorgen. Unabhängig davon, wer auf dieses lebenswichtige Mineral verzichten muss, entweder die Mutter oder die Babys, ist ein Todesurteil für jemanden wahrscheinlich unvermeidlich. Es ist also eine rundum schlechte Situation, die um jeden Preis vermieden werden sollte.

Fachgeschäfte für exotische Haustiere

Wie bei großen Ketten solltest du auch vorsichtig sein, wenn du auswählst, aus welchen lokalen Geschäften du dein Meerschweinchen beziehst. Auch hier können Bewertungen besonders hilfreich sein, um die Behandlung und Pflege der Tiere zu beurteilen, die dort zuvor gekauft wurden. Kleine, familiengeführte Geschäfte bieten möglicherweise gesündere exotische Haustiere an, als die größeren Ketten, da sie in der Regel bessere Beziehungen zu den Züchtern haben, mit denen sie zusammenarbeiten. Außerdem sind ihre Mitarbeiter meist sachkundiger und engagierter in der Tierpflege.

Darüber hinaus kann es einfacher sein, eine Verbindung zu Mitarbeitern und Besitzern lokaler Geschäfte aufzubauen, und sie können als Anlaufstelle dienen, wenn du Fragen zur richtigen Ernährung, Umgebung usw. für dein Meerschweinchen hast. Der Besuch eines lokalen Geschäfts erhöht auch die Chancen, dass dein Haustier richtig behandelt wurde, bevor es in dein Leben kam. Denk daran, Meerschweinchen haben ein ausgezeichnetes Gedächtnis und werden sich an schlechte Behandlung erinnern. Du solltest also nach Meerschweinchen suchen, die bereits positive Assoziationen mit Menschen haben.

Wenn du dein Meerschweinchen von einer großen Kette oder einem kleineren Fachgeschäft holst, empfiehlt Susan Jones von AZ Country Cavy in Arizona, drei Fragen zu stellen, bevor du ein Haustier kaufst:

1. Wie lange haben Sie dieses Meerschweinchen schon?
2. Haben Sie dem Meerschweinchen Medikamente gegeben?
3. Woher haben Sie das Meerschweinchen bekommen?

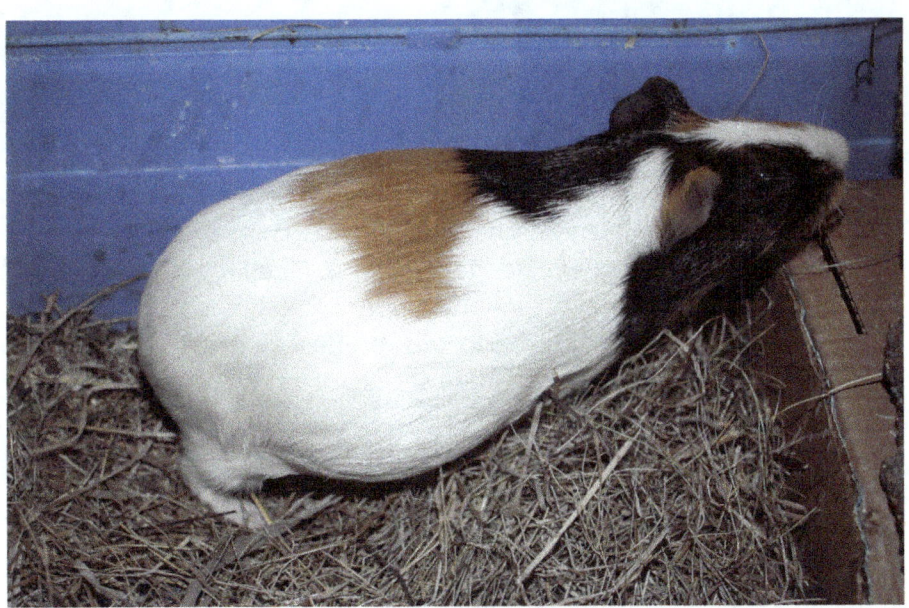

Schwangeres Meerschweinchen

Sie sagt auch: *„Die meisten Zoohandlungen verabreichen Meerschweinchen keine Medikamente; nur Tierärzte geben Medikamente, wenn das Meerschweinchen Anzeichen einer Krankheit zeigt. Achte auf Anzeichen von Krankheit beim Meerschweinchen. Ein krankes Meerschweinchen zeigt möglicherweise folgendes Verhalten: Es versteckt sich in einer Ecke des Käfigs mit gesenktem Kopf, hat verkrustete Augen und eine laufende Nase. Diese Meerschweinchen sind außerdem sehr dünn. In den meisten Zoohandlungen befindet sich in den Käfigen ein Iglo-Häuschen. Meerschweinchen verstecken sich gerne darin. Wenn du das Meerschweinchen, für das du dich interessierst, halten darfst, sieh dir die Augen an. Sind die Augen klar, ohne Rötung oder Ausfluss in den Augenwinkeln? Sieh dir auch das Fell an. Ist das Fell auf einer Seite kürzer? Das deutet meistens darauf hin, dass das Meerschweinchen von einem der „Mitbewohner" im Käfig geärgert wird oder sich selbst das Fell abkaut. Wenn sie sich selbst das Fell abkauen, kann das ein Anzeichen für Läuse sein. Das Meerschweinchen, das du gerade hältst – ist es sehr dünn oder eher kräftig? Wenn es kräftig ist, bedeutet das, dass es gesund ist."*

Gewerblicher Züchter

Eine weitere geeignete Alternative ist, nach gewerblichen Meerschweinchenzüchtern zu suchen. Du kannst einige in deiner Nähe finden, indem du online auf eBay Kleinanzeigen, in Facebook-Gruppen oder bei einer allgemeinen Google-Suche nachschaust. Wie bei den großen Ketten und lokalen Geschäften sollten Züchter gründlich recherchiert werden, bevor ein Tier gekauft wird. Eine Möglichkeit, festzustellen, ob der Züchter gewissenhaft ist oder nicht, besteht darin, nach Bewertungen oder Erfahrungsberichten von Besitzern zu suchen, die zuvor Tiere von ihnen gekauft haben, sei es auf ihren Websites oder in sozialen Medien.

Ähnlich wie lokale Zoohandlungen sind Züchter oft darauf bedacht, die Meerschweinchen von klein auf richtig zu pflegen und zu behandeln, was es den Tieren nur erleichtert, sich an dein Zuhause anzupassen. Außerdem stehen Züchter in der Regel auch lange nach dem Kauf deines Haustieres zur Verfügung, sodass du sie bei Bedarf um Rat fragen kannst.

Du kannst auch Top-Züchter auf Meerschweinchen-Ausstellungen oder -Messen finden. Sie bringen oft eine Auswahl ihrer Tiere mit, um sie zu präsentieren. Diese Ausstellungen können dir die Möglichkeit geben, eine Beziehung zu deinen Lieblingszüchtern aufzubauen und mehr über Meerschweinchen im Allgemeinen zu erfahren. Manchmal nehmen Züchter sogar Bestellungen von Menschen entgegen, die eines ihrer Meerschweinchen kaufen möchten.

Bitte stelle jedoch sicher, nicht nur den richtigen Züchter auszuwählen, sondern auch, dass er oder sie in der Nähe und in angemessener Fahrzeit von deinem Wohnort entfernt ist. Einige Züchter bieten an, Tiere zu versenden, aber das sollte um jeden Preis vermieden werden, da die Tiere normalerweise in zu kleinen Behältern untergebracht sind. Du läufst auch Gefahr, dass das Meerschweinchen entkommen kann, und der gesamte Prozess kann ihrer Gesundheit schaden.

Jones empfiehlt insbesondere Erstbesitzern von Meerschweinchen, ihre Haustiere von einem Züchter zu holen. *„Wenn du in deiner Stadt einen Meerschweinchenzüchter finden kannst, ist es am besten, eines von einem solchen Züchter zu kaufen. Der Grund dafür ist, dass du genau weißt, woher dein Meerschweinchen stammt, und bei Fragen eher Antworten bekommst als im Zoogeschäft."*

Jordan Heritsch von Small 4 Paws Guinea Pigs in Illinois sagt, dass du, wenn du ein Tier rettest, immer sicherstellen solltest, nach seinem Hintergrund und seinen sensorischen Auslösern zu fragen und diese zu notieren.

Meerschweinchen-Auffangstation/Tierheim

Wie ich bereits sagte, ist dies meine bevorzugte Option, um ein Haustier zu finden. Ich bin ein Befürworter des bekannten Spruchs „Adoptieren statt kaufen". Ein Tier zu adoptieren ist nicht nur kostengünstig, sondern auch eine großartige Möglichkeit, ein Tier zu finden, das dich wirklich schätzt, und es schafft Platz für mehr Tiere, die gerettet werden müssen. Obwohl Rettungstiere das Risiko von Verhaltensproblemen mit sich bringen können (da sie möglicherweise Traumata durch die Aufgabe ihrer vorherigen Besitzer erlebt haben), war das nicht meine Erfahrung.

Julene Robinson von Wheek Care Guinea Pig Rescue stimmt ebenfalls zu. Sie sagt: *"KAUF NICHT ... ADOPTIERE! Es gibt buchstäblich eine Rettungsorganisation für jede Art und Rasse. Meerschweinchen sind die am meisten misshandelten/vernachlässigten/weggeworfenen Haustiere, aber sie werden von der Gesellschaft so übersehen, dass man einfach nichts davon hört."*

Als ich Anfang zwanzig war, habe ich zwei Meerschweinchen aus einem örtlichen Tierheim gerettet, ein fest verbundenes Paar, das ich Mowgli und Baloo nannte. Sie waren unglaublich soziale Tiere, und ich liebte sie sehr. Wir hatten tägliche Kuschelsitzungen, und oft saßen sie bei mir, während ich für die Schule lernte. Sie waren die ersten Tiere, die ich als Erwachsener hatte, und sie lehrten mich, dass ich verantwortungsvoll genug war, um Tiere mit umfassenderen Pflegeanforderungen zu versorgen.

Leider sind Mowgli und Baloo inzwischen verstorben, aber ihre Asche wurde in Schmetterlingsgärten verstreut, und jetzt habe ich drei Katzen (alle ebenfalls gerettet). Ich glaube ehrlich gesagt nicht, dass ich mich jemals wohl dabei gefühlt hätte, mich um Duchess, Daisy und Saffron zu kümmern, wenn ich nicht vorher die Meerschweinchen adoptiert hätte.

Mowgli

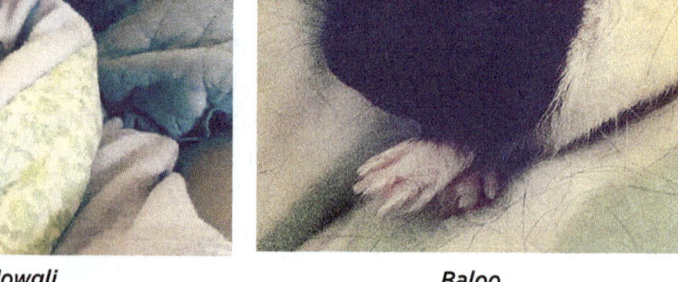

Baloo

10 GRÜNDE MEERSCHWEINE ZU ADOPTIEREN

01 Du weißt, dass das Meerschweinchen beim Tierarzt war und wahrscheinlich gesund ist, und erhältst Einblicke in die Gesundheitsgeschichte deines Meerschweinchens.

02 Die Rettungsstelle wird dir wahrscheinlich für den Rest des Lebens deines Haustiers Unterstützung bieten.

03 Das Tierheim kann das Tier zurücknehmen, wenn es eine drastische Veränderung in deinem Leben gibt und du kein Meerschweinchen mehr halten kannst.

04 Es ist wahrscheinlicher, dass das Meerschweinchen regelmäßig von Mitarbeitern und Freiwilligen gehandhabt wurde.

05 Rettungsstationen geben dir wahrscheinlich Tipps, wie du Meerschweinchen aneinander gewöhnen kannst.

06 Du wirst ganz sicher wissen, welches Geschlecht es hat.

07 Wenn du adoptierst, schaffst du Platz für ein weiteres Tier, das gerettet werden muss, und deine Adoptionsgebühr hilft, diesen Tieren zu helfen!

08 Im Allgemeinen ist es einfach eine gute Praxis, örtliche Tierheime zu unterstützen.

09 Du reduzierst aktiv die Überpopulation.

10 Es ist wahrscheinlicher, dass männliche und weibliche Meerschweinchen in getrennten Gehegen gehalten werden, sodass du dich möglicherweise nicht mit den Komplikationen auseinandersetzen musst, die mit Schwangerschaft und Geburt bei Meerschweinchen einhergehen können.

KAPITEL 3

Das richtige Meersch- weinchen auswählen

Wähle mit Bedacht

Da Meerschweinchen typischerweise sechs bis acht Jahre leben, ist die Entscheidung, sie bei dir aufzunehmen, ziemlich bedeutsam. Nachdem du entschieden hast, dass sie die richtigen Haustiere für dich und deine Familie sind, solltest du bei der Auswahl besonders auf ihren allgemeinen Gesundheitszustand, ihr Temperament und die emotionale Verbindung zu dir achten.

Du solltest ein Meerschweinchen finden, das gesund ist und keine Schorfwunden, eingerissene Ohren, kahle Fellstellen, überwachsene Zähne hat oder einfach insgesamt nicht gesund aussieht. Untersuche das Meerschweinchen sorgfältig auf Beulen oder Schwellungen, die auf Abszesse hindeuten könnten.

KIM MEYER
Austin Guinea Pig Rescue

Foto Von
Lydia Zakusilov

Du solltest auch die spezifische Rasse in Betracht ziehen, da einige mehr Aufmerksamkeit und Pflege benötigen als andere. Meerschweinchen bestimmter Rassen sind dafür bekannt, verspielter und freundlicher zu sein als andere. Aufgrund der anspruchsvollen Pflegeanforderungen werden Meerschweinchen mit längerem Fell, wie Shelties oder Peruaner, für Erstbesitzer oder Halter, die keinen höheren Pflegeaufwand suchen, nicht empfohlen. Für Rassen, die eher lebhaft sind, empfiehlt Jordan Heritsch von der Meerschweinchen-Zucht „Kleine Pfoten" Teddy-Meerschweinchen. Julene Robinson hingegen meint, dass die Glatthaar-Rasse am freundlichsten sei. Sie sagt auch, dass Abessiner die frechsten unter den Meerschweinchen-Rassen sind. Allerdings muss ich sagen, dass meine letzten beiden Meerschweinchen Abessiner waren und sie zuckersüß waren..

Rassen

Die Meerschweinchenfreunde Deutschland (MFD) und andere deutsche Zuchtverbände erkennen verschiedene Rassen an, während es international über 20 gibt. Für dieses Buch konzentrieren wir uns auf die gängigsten Rassen, die du in Deutschland findest. Dazu gehören folgende (wie du sehen wirst, haben die „Satin"-Varianten der Rassen einfach glänzenderes Fell):

Abyssinier

Diese Meerschweinchen sind bekannt für ihr einzigartiges Fell, das durch radial wachsende Wirbel, sogenannte „Rosetten", gekennzeichnet ist. Für mich sehen sie ein bisschen aus wie niedliche Emo-Kids aus den frühen 2000er Jahren. Abgesehen von ihrer Einstellung sind sie auch dafür bekannt, energischer als andere Rassen zu sein, und sie sind aufgrund ihrer neugierigen Natur leichter zu trainieren. Zukünftige Besitzer dieser Tierart müssen sich über die spezielle Fellpflege informieren, die erforderlich ist, um Verfilzungen zu vermeiden. Mowgli und Baloo waren normale Abyssinier.

Alternative Rassennamen	Herkunft	Größe	Lebenszeit	Felltyp	Vorteile
Rosetten	Südamerika	20 - 30 cm	6 to 8 Jahre	Rau	Nach einer sanften Eingewöhnung sind sie meist sehr zutraulich und liebevoll.

Abyssinier   Abyssinier Satin

Glatthaar

Glatthaar-Meerschweinchen sind die häufigste und beliebteste Rasse. Ihr kurzes Fell erfordert weniger Pflege, weshalb sie sowohl bei Anfängern als auch bei erfahrenen Haltern begehrt sind. Außerdem sind sie für ihre Freundlichkeit und Aktivität bekannt. Ich würde wetten, dass Peanut Butter Patches ein Glatthaar-Meerschweinchen war.

Alternative Rassennamen	Herkunft	Größe	Lebenszeit	Felltyp	Vorteile
Amerikaner	Südamerika	20 - 23 cm	6 to 8 Jahre	Kurzhaar	Ihr Fell erfordert keine regelmäßige Bürsten oder Kürzen, und sie sind bekannt für ihre schlappenden Ohren und runde Nase.

Glatthaar

Coronet

In den USA als Crested Silkies bekannt, im Vereinigten Königreich jedoch als Coronet, ist diese Rasse das Ergebnis der Kreuzung eines Silkie- mit einem Crested-Meerschweinchen.Coronet-Meerschweinchen haben das lange, gerade Haar eines Shelties und eine Rosetten- "Krone", wie andere Crested-Meerschweinchen. Sie sind dafür bekannt, verspielt zu sein und gerne an sozialen Aktivitäten teilzunehmen – was wahrscheinlich der Grund ist, warum sie sich gut für die Präsentation bei Ausstellungen oder Messen eignen.

Alternative Rassennamen	Herkunft	Größe	Lebenszeit	Felltyp	Nachteile
English guinea pig	England	18 - 30 cm	6 to 8 Jahre	Langhaar	Ihr langes Fell muss häufig gepflegt werden.

Coronet

Peruaner

Diese Rasse hat das längste Fell aller Meerschweinchen. Abgesehen davon, dass sie regelmäßiges Kämmen und Pflegen benötigen, sind diese Tiere dafür bekannt, liebevoll und leicht zu handhaben zu sein.

Alternative Rassennamen	Herkunft	Größe	Lebenszeit	Felltyp	Nachteile
N/A	Frankreich	20 - 30 cm	6 to 8 Jahre	Langhaar	Im Vergleich zu kurzhaarigen Rassen sind sie pflegeintensiv und benötigen viel Fellpflege.

Peruaner

Sheltie

Wie die Coronet- und Peruaner-Rassen haben Shelties lange Felle. Aber ihr Haar wächst vom Hinterkopf aus und ist dafür bekannt, unglaublich weich zu sein (daher der Name „Seidenmeerschweinchen" im Englischen). Sie sind auch im Allgemeinen sanft und schüchtern. Besitzer, die eher ruhig sind und bereit sind, regelmäßige Fellpflege durchzuführen, sind perfekt für Shelties!

Alternative Rassennamen	Herkunft	Größe	Lebenszeit	Felltyp	Vorteile	Nachteile
Silkie	England	18-25 cm	6 to 8 Jahre	Langhaar	Eine der sanftesten Rassen	Sie brauchen viel Pflege und Fürsorge

Sheltie

Teddy

Getreu ihrem Namen ist diese Rasse dafür bekannt, freundlich und kuschelig zu sein – wie ein Teddybär. Und obwohl sie kurze Felle zu haben scheinen, haben sie typischerweise mehr Haare als die anderen kurzhaarigen Rassen.

Alternative Rassennamen	Herkunft	Größe	Lebenszeit	Felltyp	Vorteile
US-Teddy	Unbekannt	20 - 30 cm	6 to 8 Jahre	Rau	Sie sind im Allgemeinen gutmütig und haben einen lieben Charakter.

Teddy

Texel

Das ist eine relativ neue Rasse, von der man annimmt, dass sie in den 1980er Jahren in England durch Kreuzung eines British Rex und eines Shelties entstanden ist. Deshalb ist ihr Haar lockig und nicht glatt wie bei den anderen langhaarigen Rassen. Diese Meerschweinchen sind für ihr sanftes, ruhiges und liebevolles Wesen bekannt.

Alternative Rassennamen	Herkunft	Größe	Lebenszeit	Felltyp	Nachteile
Curlies	England	**18 - 30** cm	**6** to **8** Jahre	Langhaar	Auch sie, wie die anderen Langhaarrassen, erfordern viel Arbeit und Zeit für die Pflege.

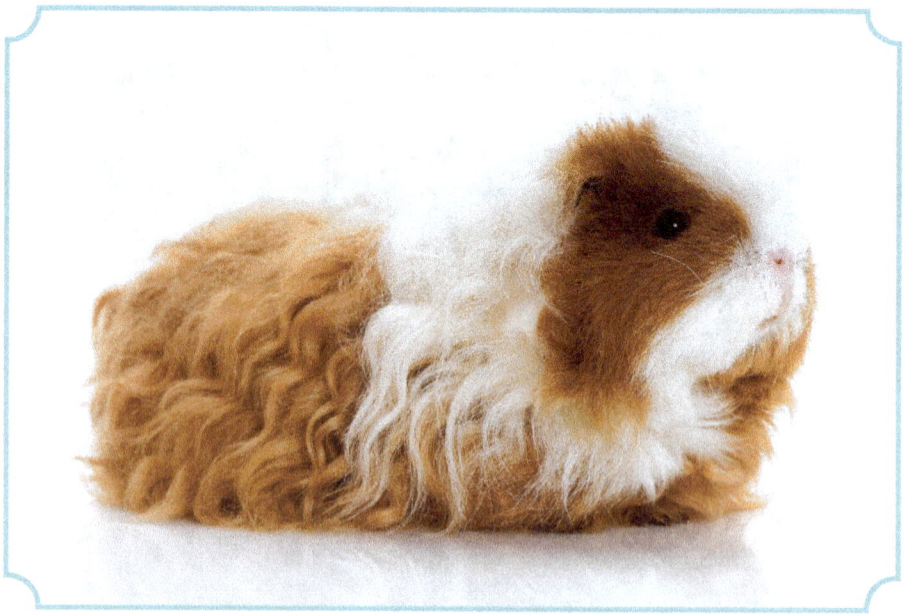

Texel

American Crested

Wie bereits erwähnt, ist diese Rasse dafür bekannt, eine „Krone"
auf dem Kopf zu haben. Es ist eine seltenere Meerschweinchenrasse,
die als fröhlich, gelassen und liebevoll beschrieben wird.

Andere Rassen, die vom VDH nicht anerkannt werden, sind Alpa-

Alternative Rassennamen	Herkunft	Größe	Lebenszeit	Felltyp	Vorteile
Weiß Crested	Südamerika	20 - 23 cm	6 to 8 Jahre	Kurzhaar	Sie benötigen weniger Pflege als Rassen mit längerem Fell. Und der weiße Wirbel auf ihrem Kopf, der sie von der gewöhnlichen amerikanischen Rasse unterscheidet, ist wirklich niedlich.

American Crested

ka, Baldwin, Himalaya, Lunkarya, Merino, Rex, Sheba, Skinny, Magpie, Ridgeback und Schweizer Meerschweinchen.

Skinny

Ridgeback

Merino

Alpaka

Lunkarya

Baldwin

Magpie

Rex

Sheba Mini Yak

Farbgebungen

Wie du auf den Bildern sehen kannst, gibt es Meerschweinchen in verschiedenen Formen, Größen und Farben. Hier sind die Begriffe und Definitionen, die am häufigsten verwendet werden, um die Färbung von Meerschweinchen zu beschreiben.

- **Agouti:** Jedes Haar ändert die Farbe von der Basis bis zur Spitze (dies wird als „Ticking" bezeichnet), wobei der mittlere Teil des Haares am hellsten erscheint. Agoutis haben auch ein „Bauchband", einen Streifen hellerer Haare an ihrem Bauch. Es gibt zitronengelbe,

Agouti

Weiß mit roten Augen

silberne, goldene, schokoladenfarbene, cremefarbene und zimtfarbene Agoutis.

- **Albino:** Komplett weiße Tiere mit rosa/roten Augen.

- **Beige:** Dunkel- und hellbraun.

Brindle

Dalmatiner

- **Dalmatiner:** Wie die Hunde sind diese Meerschweinchen weiß mit dunklen Flecken.

- **Himalaya:** Rote Augen mit weißem Körper und schwarzer Nase, Ohren und Füßen (siehe ein Bild der gleichnamigen Rasse unten)

Himalaya

Schimmel

- **Mehrfarbig:** Jede Zusammenstellung von Farben

- **Roan:** Dunkle Haare gleichmäßig mit Weiß durchsetzt

- **Einfarbig:** Einfarbige Felle

- **Schildpatt:** Gefleckte dunkel- und hellbraune Farben

- **Dreifarbig:** Im Grunde dasselbe wie das normale Schildpatt, aber mit zusätzlicher weißer Färbung im Fell.

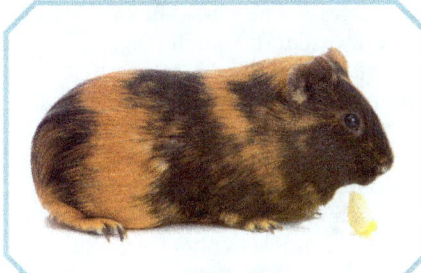

Schildpatt

Schildpatt mit Weiß

- **Skinny:** Eine halbhaarlose Rasse mit kurzem, grobem, lockigem Fell.

Umgebung im Geschäft, bei Züchtern oder im Tierheim

Wie bereits erwähnt, ist es wichtig, beim Kauf oder bei der Adoption eines Meerschweinchens die Umgebung zu beurteilen, in der es gehalten wird. Dies gibt dir sofort Aufschluss über das Pflegeniveau der Einrichtung, von der du ein Meerschweinchen bekommst. Du solltest darauf achten, wie ordentlich die Gehege gehalten werden, wie viel Futter und Wasser für das Tier leicht zugänglich sind und wie viele Spielzeuge dem Meerschweinchen zur Verfügung stehen. Darüber hinaus solltest du auch die allgemeine „Stimmung" des Ortes analysieren. Du solltest die Absichten der Menschen um dich herum innerhalb weniger Momente erkennen können.

Untersuchung jedes Meerschweinchens

Sobald die Umgebung beurteilt wurde, sollte der Gesundheitszustand der einzelnen Tiere, an denen du interessiert bist, berücksichtigt werden. Du solltest auf sichtbare Anzeichen von Krankheit oder schlechter Behandlung achten – wie Schnitte, Schorf, fehlende Zähne oder Beulen und Schwellungen auf der Haut usw. Darüber hinaus solltest du auf überwachsene Nägel achten; verkrustete, trübe oder wolkige Augen; Sabbern; schlechten Appetit; unregelmäßige Form und Konsistenz des Kots; Anzeichen von Unter- oder Übergewicht; Anzeichen von Steifheit oder Lahmheit; Inaktivität; und Desinteresse an dir und an dem Spielzeug. Bitte beachte, dass es für ein Meerschweinchen normal ist, anfangs vorsichtig dir gegenüber zu sein, und das Wegspringen von deiner Hand oder leichtes Knabbern muss kein Grund zur Sorge sein. Aber wenn das Meerschweinchen sich nach einer Weile angemessener Handhabung nicht an dich zu gewöhnen scheint, ist es vielleicht nicht das richtige Haustier für dich.

> ## DID YOU KNOW?
> ### Chirping
>
> "Zwitschern bedeutet nicht unbedingt, dass das Meerschweinchen unglücklich ist. Es gab nie eine eindeutige Erklärung, warum ein Meerschweinchen 'wie ein Kanarienvogel zwitschert'. Manche sagen, es liegt daran, dass das Meerschweinchen unglücklich ist, aber ich habe das nie als zutreffend erlebt. Es passiert normalerweise, wenn der Raum ruhig ist und alle anderen Meerschweinchen einfach nur grasen oder dösen. Aber egal, was die anderen Meerschwein-chen tun, sobald das Zwitschern beginnt, hören buchstäblich alle anderen Meerschweinchen mit allem auf, was sie tun, und lauschen." **Julene Robinson - Wheek Care Guinea Pig Rescue**

Hier sind einige Anzeichen für ein unglückliches Meerschweinchen auf einen Blick:

1. Zähneklappern (das häufigste Zeichen eines unglücklichen Meerschweinchens)
2. Zischen, Zirpen oder Stolzieren
3. Knurren
4. Aufgeplustertes Fell

Mowgli und Baloo, zwei unzertrennliche Böcke.

5. Beißen
6. Weinen
7. Übermäßiges Verstecken
8. Desinteresse und/oder starrer Blick in die Ecke des Käfigs

Umgekehrt sind hier die typischen Verhaltensweisen eines glücklichen und freundlichen Meerschweinchens:

1. Popcorning (Hüpfen vor Freude)
2. Quietschen
3. Schnurren
4. Bereitschaft, mit dir zu sozialisieren
5. Kein Verstecken
6. Nasenreiben (so geben sie Küsse!)
7. Kuscheln
8. Putzen (vor dir)

Du solltest auch überlegen, welches Geschlecht für dich ideal ist. Es gibt mehrere Dinge, die du bedenken solltest, bevor du deine pelzigen Freunde nach Hause bringst. Dazu gehören die folgenden:

	Weibliche Meerschweinchen (Sauen)	Männliche Meerschweinchen (Eber)
Größe	Kleiner und kürzer	Größer
Gewicht	Leichter	Schwerer
Verhalten	Weniger aktiv	Mehr aktiv
Persönlichkeit	Freundlich und schüchtern	Durchsetzungsfähigere Persönlichkeit (und gesprächiger)
Aggression	Weniger aggressiv*	Mehr aggressiv
Hygiene	Reinlicher	Ein bisschen unordentlicher
Erforderliche Pflege (und Käfiganforde-rungen)	Benötigen weniger Pflege (sie brauchen weniger Platz)	Benötigen mehr Pflege und häufigeres Reinigen sie brauchen mehr Platz)
Mögliche Trainierbarkeit	Da sie schüchtern sein können, ist das Training nicht immer einfach.	Leichter zu trainieren dank ihrer Persönlichkeit und ihres hohen Energieniveaus
Kompatibilität mit Gleichgesch-lechtlichen	Sie können friedlich miteinander leben und streiten sich nicht oft.	Kämpft oft um die Vorherrschaft mit anderen männlichen Meerschweinchen***

* Dies ist nur die allgemeine Meinung. Einige Menschen stimmen dem nicht immer zu und glauben, dass es tatsächlich umgekehrt ist – dass Männchen zärtlicher, liebevoller und anhänglicher sind. Ich hatte nur männliche Meerschweinchen und empfand sie als wunderbare Haustiere.

**Männliche Meerschweinchen erfordern auch zusätzliche Pflege im Intimbereich. Du musst möglicherweise besonders darauf achten, sie zu reinigen.

***Zwei Männchen zu holen, die bereits aneinander gewöhnt sind, kann helfen, die

Spannung zwischen ihnen zu reduzieren. Mowgli und Baloo waren beide Jungs. Aber sie waren bereits aneinander gewöhnt, bevor ich sie kennenlernte, und sie lebten harmonisch miteinander, während sie in meiner Obhut waren. Ich weiß, dass es nicht geschadet hat, dass ich sie in einem großen Gehege hielt, sodass sie immer ihren eigenen Raum darin hatten. Die Bereitstellung von ausreichend Futter, Wasser, Spielzeug und Versteckmöglichkeiten trägt auch dazu bei, eine freundliche Umgebung unter zwei oder mehr Meerschweinchen zu erhalten.

All dies soll jedoch darauf hinweisen, dass du das gesündeste und freundlichste Meerschweinchen über das „hübscheste" wählen solltest, da soziale Meerschweinchen in gutem Gesundheitszustand die höchsten Chancen haben, glückliche und lange Leben mit dir zu führen. Wie Heritsch sagt: „Nicht jedes ‚süße' Meerschweinchen wird das richtige Temperament haben."

KAPITEL 4

Das Zuhause für dein Haustier einrichten

Dein Meerschweinchen willkommen heißen

Sobald du eine Bezugsquelle gefunden hast, bei der du dich wohl-fühlst, und die Tiere ausgesucht hast, zu denen du die beste Ver-bindung spürst, ist es Zeit, die Heimkehr vorzubereiten. Es gibt keine bessere Art, deine neuen Meerschweinchen willkommen zu heißen, als ihnen ein perfektes Habitat einzurichten, das bereits auf sie wartet.

Das Ziel beim Einrichten der Umgebung für deine Meerschweinchen ist es, den Stress zu minimieren, der mit dem Verlassen eines Ortes ver-bunden ist, an dem sie sich zuvor wohlgefühlt haben.

Deine Meerschweinchen leben am besten in deiner Wohnung oder deinem Haus. Wenn du andere Tiere im Haus hast, solltest du überlegen, deine neuen Meerschweinchen zunächst in einem separaten Raum un-terzubringen, während sie sich an ihre neue Umgebung gewöhnen. Gib dann jedem weiteren Tier Zeit und Raum, sich an den Käfig und die Meer-schweinchen zu gewöhnen – aber beaufsichtige immer die Interaktionen, wenn die Meerschweinchen außerhalb ihres Käfigs sind.

Als Referenz: Meine Katzen schienen sich nie besonders für Mowgli und Baloo zu interessieren, aber manchmal saßen sie auf dem Käfig und versuchten, nach ihnen zu schlagen. Der Käfig war jedoch so hoch, dass ihre Pfoten nie in die Nähe der Meerschweinchen kamen. Wenn die Kleinen draußen waren und mit mir spielten, schnupperten die Katzen manchmal an ihnen, waren aber nie aggressiv. Natürlich hätte ich das auch nicht zugelassen.

Verhalten deiner Haustiere

Gesunde Meerschweinchen sollten einen guten Appetit haben und reichlich Kot produzieren. Sie sollten aktiv und aufmerksam sein und mit ihrem Besitzer und Objekten in ihrer Umgebung interagieren. Es ist nicht normal, wenn ein Meerschweinchen ständig in einer Ecke versteckt ist und kein Interesse an Futter zeigt. Einige andere Anzeichen für häufige Krankheiten sind übermäßiges Niesen, Ausfluss aus Augen oder Nase, kahle Stellen am Körper (außer hinter den Ohren oder an der Innenseite der Vorderbeine, was normal ist), übermäßiges Kratzen oder Kopfschütteln.

SARA PILGRIM
Companions Spay & Neuter Clinic

Wenn du neue Meerschweinchen in dein Zuhause bringst, solltest du immer ihr Verhalten beobachten (besonders in den ersten Wochen), im Hinblick auf Wohlbefinden und Gesundheit.

Eingewöhnungstipps

Du musst auch deinen Teil dazu beitragen, damit sich das neue Meerschweinchen in deiner Umgebung willkommen und sicher fühlt. Peggy Barron schlägt mehrere Dinge vor, wenn es darum geht, ein Meerschweinchen in dein Zuhause zu bringen. Sie sagt: *„Meerschweinchen sind Beutetiere. Schatten, die über ihnen auftauchen, sind beängstigend, genauso wie das Greifen nach ihnen. Meerschweinchen aus Zoohandlungen haben höchstwahrscheinlich Angst. Kuschelsäcke sind eine großartige Methode, um die Meerschweinchen aufzuheben. Sie sind online leicht erhältlich. Ermutige das Meerschweinchen dazu, in den Kuschelsack zu gehen, während du mit beruhigender Stimme zu ihm sprichst. Das ist eine Aufgabe* *für Eltern oder ältere Geschwister. Die meisten Meerschweinchen haben Angst in neuer Umgebung. Auch Rettungsmeerschweinchen. Sie sind an ihre aktuelle Situation gewöhnt und verstehen keine Veränderungen, neue Geräusche, Gerüche oder andere Tiere. Es braucht Zeit und Geduld."*

Eine meiner Katzen, die mit Baloo abhängt

Ähnlich sagt Michiko Vartarian: *„Fang langsam an und zwinge deine Meerschweinchen nicht dazu, sofort mit dir zu interagieren. Lass deine Meerschweinchen sich in ihren Hütten und in ihrem neuen Zuhause sicher fühlen, und dann, mit der Zeit, fang an, sie für Kuschelzeiten herauszunehmen und sie in eine Fleecedecke zu wickeln, damit sie sich sicherer fühlen, wenn sie gehalten werden. Gib ihnen außerdem gesunde Leckerbissen, während du sie kuschelst, damit sie lernen, etwas Gutes mit etwas zu verbinden, was anfangs beängstigend für sie sein kann. Von Natur aus sind Meerschweinchen Beutetiere und werden sich nicht immer sicher fühlen, wenn sie hochgehoben werden oder sozial mit ihren Menschen sind, deshalb ist Geduld erforderlich, um ihnen zu ermöglichen, langsam Vertrauen und Komfort zu dir aufzubauen."*

Der Käfig

Bei der Platzierung des Meerschweinchenkäfigs in deinem Zuhause solltest du bedenken, dass sie, wie ich bereits erwähnt habe, sehr empfindlich auf extreme Kälte und Hitze reagieren. Meerschweinchen vertragen keine Temperaturen über 29 oder unter 18 Grad Celsius. Stelle also sicher, dass du den Käfig nicht in der Nähe einer Klimaanlage, Heizung, eines Kamins oder von Fenstern mit direkter Sonneneinstrahlung aufstellst. Der perfekte Standort ist ein Wohnbereich mit einer konstanten Temperatur zwischen 18°C und 24°C und einer Luftfeuchtigkeit

Foto Von
Erin Mannie

zwischen 40 und 70 Prozent. Susan Jones von AZ Country Cavy sagt jedoch: „In Arizona ist die Luftfeuchtigkeit viel niedriger, durchschnittlich 10-15%, und meinen Meerschweinchen geht es trotzdem gut." Der Käfig sollte an einem Ort mit guter Belüftung, aber ohne plötzliche Zugluft stehen. Besonders wenn du ein haarloses Meerschweinchen hast, solltest du jeden Bereich vermeiden, der potenziell windig oder kalt werden könnte.

Es wird auch empfohlen, den Hauptkäfig in einem Bereich deines Zuhauses aufzustellen, in dem du und deine Familie sich häufig aufhalten, der aber auch relativ ruhig ist (um das Tier nicht zu erschrecken) und frei von Chemikalien/Sprays, starken Parfüms, Kerzen usw. ist. Peggy Barron sagt: „Meerschweinchen sind sehr empfindlich gegenüber Gerüchen und Chemikalien. Halte sie von Bereichen fern, in denen du Reinigungsmittel, Haarsprays oder andere Aerosole verwendest." Was die Größe betrifft, stimmt es wirklich – je größer, desto besser! Du solltest deinen Meerschweinchen ausreichend Platz zum Spielen, Bewegen, Schlafen und Erkunden bieten. All das ist wichtig, um

*Foto Von
Dori Jordan*

Foto Von
Tina Rose

Ein Beispiel für einen großen und geräumigen Meerschweinchenkäfig

die körperliche und geistige Gesundheit und das Wohlbefinden eines Meerschweinchens zu erhalten. Laut Julene Robinson sollte ein Käfig für zwei Meerschweinchen nicht kleiner als 0,75 Quadratmeter sein. Sie betont auch, dass Käfige aus Zoofachgeschäften zu klein sind. Verwende stattdessen C&C-Käfige, MidWest Plus oder Kaytee Open Living Meerschweinchengehege. Ich kann mich nicht mehr genau erinnern, welchen Käfig ich hatte, aber ich habe mich an die Maße (0,7 Quadratmeter für ein Meerschweinchen/1 Quadratmeter für zwei) gehalten, die mir die Auffangstation empfohlen hat, von der ich die Meerschweinchen bekommen habe. Du kannst es genauso machen, wenn du unsicher bist. Tierärzte sind natürlich auch hilfreich in dieser Hinsicht.

Welchen Käfig du auch immer für am besten hältst, stelle sicher, dass er keine Plastikwannen oder Drahtböden hat. Glasaquarien sind ebenfalls nicht für die Haltung von Meerschweinchen geeignet. Stattdessen sind Gehege aus Gittern und Coroplast, einem gewellten Kunststoff (wie C&C-Käfige), am besten. Der Boden sollte weich und bequem sein, und die Seiten sollten aus Draht und/oder Gitter bestehen, um eine maximale Belüftung zu ermöglichen. Was das Dach betrifft, können Meerschweinchen im Gegensatz zu Hamstern und anderen Nagetieren nicht an den Seiten ihrer Käfige hochklettern – daher ist ein Dach möglicherweise nicht notwendig. Aber du solltest sicherstellen, dass die Seiten hoch genug sind (besonders um Rampen oder zweite Etagen herum), damit die Meerschweinchen nicht einfach aus dem Gehege laufen können. Meerschweinchen haben eine schlechte Tiefenwahrnehmung, daher brauchen sie Hilfe, um nicht aus ihren Käfigen zu fallen. Ein Dach kann auch notwendig sein, um die Meerschweinchen vor anderen Tieren in deinem Zuhause zu schützen. Erinnerst du dich, was ich über meine Katzen gesagt habe, die versuchten, nach den Meerschweinchen zu schlagen? Ich möchte nicht daran denken, was passiert wäre, wenn ich diese Schutzschicht nicht für sie gehabt hätte.

Ich würde dir auch empfehlen, einen Käfig zu wählen, den du gerne anschaust. Das mag albern klingen, aber es wird die Zeit erhöhen, in der du dich dazu hingezogen fühlst, mit deinen Haustieren zu interagieren. Du solltest jedoch immer die Sicherheit über die Optik stellen.

Foto Von Peggy Frezon

Du solltest auch berücksichtigen, wie einfach das Gehege gereinigt werden kann, was sehr wichtig ist, da Bequemlichkeit dich wahrscheinlich dazu ermutigen wird, es häufiger zu tun. Du kannst dir waschbare Einlagen besorgen, die den gesamten Prozess beschleunigen können, aber Gegenstände wie Plastikauskleidungen oder Tüten sollten vermieden werden, da dein Meerschweinchen Teile dieses Plastiks abbeißen und verschlucken kann, was zu Darmverschluss führen kann.

Einstreu

Nach der Auswahl des perfekten Käfigs muss er mit Einstreu ausgelegt werden, das saugfähig, weich für die Füße des Meerschweinchens und staubfrei sein sollte. Anfangs habe ich Papiereinstreu verwendet, die im Zoohandel erhältlich ist. Aber nachdem ich mich besser informiert hatte, benutzte ich Fleece-Tücher, die sehr kostengünstig sind, weil du sie einfach waschen und wiederverwenden kannst.

Papiereinstreu ist staubig und feuchtigkeitsabsorbierend. Wenn sie nicht regelmäßig alle zwei Tage gereinigt wird, kann sie eine sehr schmerzhafte Wunde an den Füßen verursachen, die als Bumblefoot bekannt ist. Eine großartige Alternative zu Fleece (das eine Welpen-Pinkelmatte oder ein anderes saugfähiges Substrat erfordert), sind GuineaDad Liners. Die anfängliche Ausgabe für zwei Sets ist etwas teuer, aber solange die Pflegehinweise befolgt werden, halten sie lange und sind viel einfacher täglich mit einer Gummi-Fusselrolle zu reinigen, es dauert buchstäblich nur weni-

Foto Von Cynthia Merrill

Foto Von
Sheri Parsons

ge Sekunden.

Bailey Pettit weist darauf hin, dass die erste Anschaffung der Fleece-Stücke teuer erscheinen mag – aber danach musst du nie wieder Einstreu kaufen! Sie schlägt auch vor, nach „Fleece Meerschweinchen Unterlage" auf Etsy (wo ich alle meine gekauft habe) und ähnlichen Websites zu suchen. Zu anderen Einstreuoptionen sagt sie: „Papier-/Holzspäne sind SO schlecht für ihre Atemwege, da sie viele Staubpartikel abgeben!"*

Inneneinrichtung/Zubehör

Wenn der Käfig und die Auskleidung eingerichtet sind, kannst du anfangen, weniger in Bezug auf Praktikabilität und mehr in Bezug auf Spaß zu denken, wenn es um die Inneneinrichtung und das Zubehör für deine Meerschweinchen geht. Natürlich solltest du immer zuerst an die Sicherheit denken. Einige Leute wählen Themen (wie Wald, unter dem Meer usw.) für ihre Käfige. Das habe ich nicht gemacht. Ich wollte nur sicherstellen, dass es genügend Versteckmöglichkeiten (Fleece-Eckhängematten und Tunnel) für jedes meiner Meerschweinchen gibt, was der Hauptnutzen für Zubehör im Käfig ist. Es ist auch wichtig, Extras zu haben, damit du Ersatz hast, den du während des Reinigungsprozesses im Wechsel verwenden kannst.

*Holzstreu ist in Ordnung, solange es sich um Aspen oder große, kammergetrocknete Kiefernhobelspäne handelt.

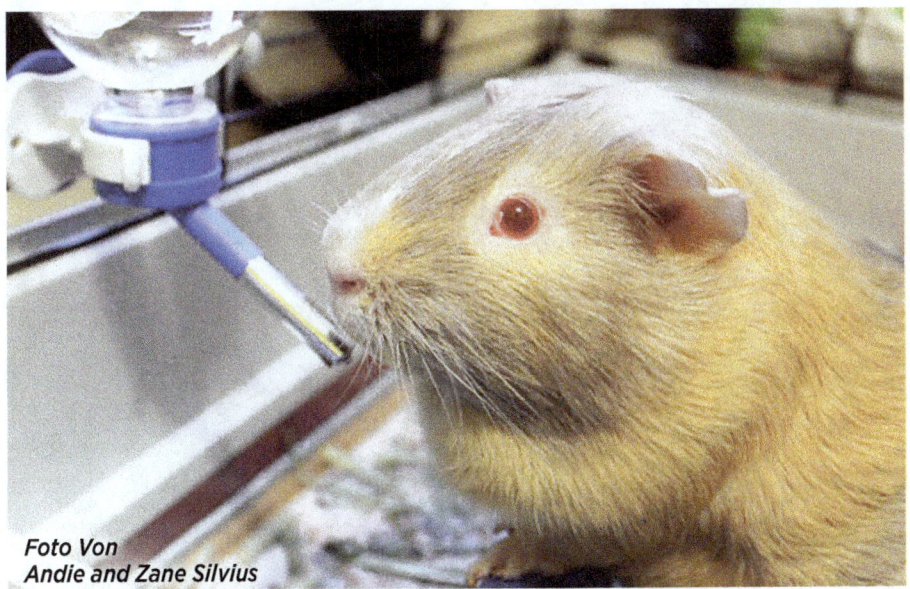

Foto Von
Andie and Zane Silvius

Ein Meerschweinchen, das aus seiner Wasserflasche trinkt.

Anderes tiersicheres Zubehör umfasst Verstecke (mindestens zwei pro Tier – oder mehr!), Kuschelecken, Schlafsäcke, Betten mit Kissen und Holzburgen. Einige davon können besonders für Heimwerker Spaß machen, weil du viele davon selbst herstellen kannst, und das kann kostengünstiger sein als fertige Optionen zu kaufen.

Spielzeug, das du deinem Meerschweinchen niemals anbieten solltest

- Laufräder. Meerschweinchen haben eine schwache Wirbelsäule, daher ist dieses Spielzeug nicht für sie geeignet.
- Spielzeug mit schädlichen Farbstoffen und Chemikalien.
- Spielzeug mit Kleinteilen.
- Spielzeug mit zugesetztem Zucker.

Susan Jones von AZ Cavy Country empfiehlt, eine Stoffabdeckung über den Käfig zu legen, wenn es Nacht wird. Sie sagt: *„Eine Abdeckung über dem Käfig kann helfen, deine Meerschweinchen nachts zu beruhigen und ihnen ein Gefühl der Sicherheit zu geben, besonders wenn sie neu in deinem Zuhause sind."*

Foto Von
Alea Ward

Futter- und Wassernäpfe

Wheek Care Guinea Pig Rescue glaubt nicht an Näpfe für Pellets oder Gemüse FÜR DIE Meerschweinchen und verwendet sie auch nicht. Näpfe sind menschliche Erfindungen. Meerschweinchen sind Futtersucher. Sie tragen in der Wildnis keine Näpfe oder Besteck mit sich herum. Wir versuchen, die Dinge so natürlich wie möglich zu halten. Näpfe sind auch ein häufiger Grund für Dominanzkämpfe im Käfig. Das dominante Schweinchen bekommt den Löwenanteil und das unterwürfige bekommt die Reste, was nicht immer ausreicht, um es zu ernähren.

JULENE ROBINSON
Wheek Care Guinea Pig Rescue

Futternäpfe sollten einen flachen Boden haben, können aber aus Keramik, Kunststoff oder Metall sein. Egal, wofür du dich entscheidest, du solltest sicherstellen, dass das Material für dein neues Haustier sicher ist. Du möchtest vielleicht auch Näpfe, die spülmaschinenfest sind, wenn dir das mehr Anreiz gibt, sie zu reinigen. Vorzugsweise, zumindest was die Pellets betrifft, solltest du mindestens einen Napf pro Tier im Gehege haben. Dies stellt sicher, dass jedes Meerschweinchen mehr als genug Futter bekommt und beseitigt die Aggression, die beim Kampf um Futter entstehen kann. Wenn du deinen Meerschweinchen Gemüse und Heu gibst, solltest du andere Schalen und Halter verwenden. Für meine Meerschweinchen habe ich an der Seite ihres Käfigs einen trogähnlichen Mechanismus angebracht, der immer mit Heu gefüllt war. (Beachte, dass einige Besitzer von solchen Geräten abraten, besonders von Heukugeln oder -stapeln, weil sie gefährlich sein können. Einige haben berichtet, dass ihre Tiere ihren Kopf oder ihre Zähne darin eingeklemmt haben, aber ich hatte nie Probleme

TIPP
Mitbewohner vorstellen

Meerschweinchen sind sehr sozial und leben idealerweise in Gruppen von zwei oder mehr Tieren. Gleichgeschlechtliche Meerschweinchen, die zusammen aufgewachsen sind, verstehen sich in der Regel gut, aber wie kannst du ein neues Meerschweinchen in die Gruppe einführen? Hier sind einige Tipps, die bei der Eingewöhnung helfen:

- **Käfiggröße:** Experten empfehlen mindestens 1 Quadratmeter Platz für zwei Meerschweinchen, die sich einen Käfig teilen.
- **Einstreu:** Tausche vor der Einführung die Einstreu deiner Meerschweinchen aus, damit sie den Geruch ihrer neuen Mitbewohner kennenlernen können.
- **Barriere:** Stelle deine Meerschweinchen durch nebeneinanderstehende Ausläufe vor oder indem du ihre Käfige nebeneinander stellst.
- **Biete Ablenkungen:** Wenn deine Meerschweinchen sich zum ersten Mal in einem neutralen Raum treffen, biete Ablenkungen wie frisches Gemüse und Leckerbissen, die im Bereich verteilt sind.

Es kann mehrere Sitzungen dauern, bis sich deine Meerschweinchen aneinander gewöhnt haben. Daher sind Geduld und Aufsicht in den ersten gemeinsamen Tagen der Meerschweinchen entscheidend.

mit der Raufe, die ich verwendet habe.) Ich habe ihnen Gemüse einfach von Hand gegeben. Allerdings habe ich auch von anderen Besitzern gehört, die Gemüse in Näpfe mit zusätzlichem Wasser geben, wenn sie denken, dass ihre Meerschweinchen nicht genug Flüssigkeit bekommen. Auch hier musst du vielleicht verschiedene Methoden ausprobieren, bevor du herausfindest, was für dein Haustier am besten ist.

Foto Von Brittany Provencal

Apropos Wasser: Ich fand Wasserflaschen am einfachsten zu benutzen, und du solltest wahrscheinlich auch mindestens eine pro Tier am Käfig befestigen. Du solltest auch darauf achten, eine tropffreie Flasche zu kaufen, da du nicht möchtest, dass das Wasser den ganzen Tag lang im Käfig ausläuft, während du weg bist. Das richtige Gerät hält das Wasser drinnen und gibt es nur frei, wenn das Meerschweinchen damit in Kontakt kommt, indem es seine Zunge gegen die kleine Kugel im Inneren drückt. Allerdings weiß ich, dass andere Besitzer festgestellt haben, dass ihre Tiere Wassernäpfe bevorzugen. Vielleicht waren meine Jungs besonders unordentlich, aber ich fand, dass sie das Wasser nicht lange sauber hielten, und ich wollte sie in keiner Weise davon abhalten, es zu trinken. Also kann hier Versuch und Irrtum nötig sein. Wähle eine Methode (oder verwende beide!) und stelle sicher, dass dein Meerschweinchen genug Flüssigkeit bekommt. Was die Experten betrifft, sagt Jordan Heritsch: „Choco Nose Wasserflaschen und Lixit sind meine Favoriten."

Wartung/Reinigung

Die Sauberkeit des Käfigs deines Meerschweinchens zu erhalten, ist unglaublich wichtig. Sicher, das Aufsammeln von Kot und verschmutztem Einstreu gehört nicht zu den angenehmsten Aktivitäten, aber es ist Teil dessen, wofür du dich entscheidest, wenn du diese Haustiere haben möchtest. Du solltest mindestens einmal pro Woche eine komplette Reinigung durchführen, aber auch Auffrischungen unter der Woche sollten gemacht werden. Die gründliche und die wöchentliche Reinigung variieren je nach Art des Einstreu, die du verwendest.

Typische Einstreu

- **Sauberkeit Total–** Du solltest alle alten Materialien entfernen, den Käfig selbst reinigen und die Auskleidung durch frische, saubere Einstreu ersetzen.

- **Reinigung Mitte der Woche** – Schaufle besonders schmutzige Stücke und Kot heraus und ersetze sie durch saubere Einstreu.

Fleece-Einstreu

- **Sauberkeit Total** – Entferne alle Stoffstücke, reinige sie, reinige den Käfig selbst und ersetze die Auskleidung durch sauberen Fleece.

- **Reinigung Mitte der Woche** – Schaufle Kot heraus und tausche Stoffstücke aus, die mit Urin benetzt zu sein scheinen.

Futternäpfe und Wasserschalen sollten immer regelmäßig gereinigt werden. Du solltest auch Spielzeug und Verstecke so

TIPP VOM PROFI
Tägliches Ausmisten kann diese Aufgaben weniger anstrengend machen.

Reinigung eines Meerschweinchenkäfigs

oft wie nötig reinigen. Es mag viel erscheinen, aber all diese Reinigung ist wichtig, um deine Meerschweinchen sicher zu halten, da sie sehr anfällig für Krankheiten und Infektionen sind. Besonders für die gründlicheren Reinigungen solltest du sicherstellen, dass dein Tier aus dem Käfig und an einem sicheren Ort ist – zum Beispiel bei einem Familienmitglied oder spielend in einem sicheren Bereich in deinem Blickfeld.

Denke bitte auch daran, dass die Bälle, die Hamster benutzen, NICHT sicher für Meerschweinchen sind, genau wie Laufräder. Erinnerst du dich, was ich über ihre schwache Wirbelsäule gesagt habe? Sie vertragen sich nicht gut mit jeglicher Art von Rollen.

Foto Von
Peggy Frezon

11-SCHRITTE-REINIGUNGS-CHECKLISTE

01 Hol deine Meerschweinchen aus ihrem Käfig und setze sie an einen sicheren Ort.

02 Kot und verschmutzte Einstreu entfernen.

03 Altes Heu entfernen.

04 Wenn du Fleecestücke verwendest, gib den schmutzigen Stoff in die Wäsche.

05 Entferne Spielsachen, Häuser und andere Zubehörteile und reinige sie mit tierfreundlichen Sprays oder Seifen.

06 Entferne Futternäpfe und Wasserschalen/-flaschen, entsorge altes Futter* und Wasser und wasche alles.

07 Reinige alle Flächen im Käfig, auf denen dein Meerschweinchen steht (Böden, Rampen usw.) mit dem gleichen tierfreundlichen Reiniger, den du zuvor verwendet hast.

08 Wechsle die Einstreu gegen sauberes Streu aus.

09 Setze das Zubehör und frisches Heu wieder hinein.

10 Fülle Näpfe, Schalen und Flaschen mit frischem Futter und Wasser.

11 Bring deine Meerschweinchen wieder rein.

*Dies gilt nur für Pellets. Frisches Obst und Gemüse sollte nach einigen Stunden entfernt werden, um zu verhindern, dass dein Meerschweinchen möglicherweise schimmeliges Futter zu sich nimmt.

KAPITEL 5

Fütterung

Wie Menschen hat jedes Meerschweinchen seine Favoriten, wenn es um sein tägliches Futter geht – Pellets, Obst und Gemüse – und Leckerbissen. Wenn du also ein neues Meerschweinchen bekommst, solltest du ihm eine Vielzahl von tiersicheren Lebensmitteln und Leckerbissen anbieten und herausfinden, welche es am liebsten mag. Und es wird dir definitiv durch sein Quieken mitteilen, ob es das mag, was du ihm anbietest. Was Gemüse betrifft, solltest du vermeiden, deinem Haustier Kohl, Brokkoli oder Blumenkohl zu geben, da diese Lebensmittel laut Marie Crawford von der Idaho Guinea Pig Friends Sanctuary Blähungen und Blähbauch bei einem Meerschweinchen verursachen können. Blähungen sind sehr schmerzhaft und können sogar zum Tod führen.

Du solltest deinem Meerschweinchen auch keine Nüsse, Samen, getrocknete Bohnen, Mais, Erbsen, Hahnenfuß, Gartensträucher (wie Schierling oder Liguster), Lilien jeder Art, Nachtschatten, Eiche, Avocado, Zwiebeln, Kartoffelgrün, Pilze, Narzissen, Fingerhut und Rhabarberblätter geben. Andere menschliche Lebensmittel wie Brot, Kekse, Süßigkeiten (und Zucker jeder Art), Frühstückscerealien, Milchprodukte, Schokolade, Nudeln, Cracker oder eingelegte Lebensmittel sollten

Foto Von Dori Jordan

deinem Meerschweinchen ebenfalls nicht angeboten oder zugänglich gemacht werden.

Wie sie gerne fressen

Im Allgemeinen grasen Meerschweinchen gerne, was bedeutet, dass sie gerne mehrere kleine Mahlzeiten über den Tag und die Nacht verteilt haben. Das bedeutet, dass du immer genügend Futter für sie bereitstellen solltest. Und es gibt drei Grundbestandteile ihrer Ernährung: Pellets, Heu und Obst und Gemüse.

Empfohlene Lebensmittel und Mengen

Pellets

Hochwertige Pellets, besonders solche, die mit Vitamin C angereichert sind (da Meerschweinchen, wie Menschen, Säugetiere sind, die ihr eigenes nicht synthetisieren können), sollten deinen Meerschweinchen ständig zur Verfügung stehen. Die Pellets sollten so gewählt werden, dass sie die Länge der ständig wachsenden Zähne des Tieres kontrollieren. Laut Peggy Barron (Knoxville Guinea Pig Rescue) brauchen jüngere Meerschweinchen

Foto Von
Kelly Mastronardii

Alfalfa-Pellets, aber nach sechs Monaten müssen sie zu Timothy-Pellets übergehen. Im Allgemeinen empfiehlt sie Produkte von Oxbow, Kaytee oder Mazuri. Sie sagt auch, dass ältere Meerschweinchen etwa eine Achtel Tasse Pellets täglich bekommen sollten, während Jungtiere frei gefüttert werden sollten.

Michiko Vartarian (Orange County Cavy Haven) erklärt weiter, warum Meerschweinchen über sechs Monate bei Alfalfa-Pellets eingeschränkt werden sollten: Offenbar können sie bei älteren Tieren Blasensteine verursachen.

Heu

Meerschweinchen sollten jeden Tag einen Heuhaufen bekommen, der so groß wie ihr Körper ist. Heu sollte 85% ihrer Ernährung ausmachen. Es unterstützt ihre Verdauung und hilft auch bei der Kontrolle der Länge ihrer Zähne. Peggy Barron (Knoxville Guinea Pig Rescue) empfiehlt hochwertiges Timothy-Heu oder Wiesenheu. Es gibt andere Arten von Heu, die Meerschweinchen fressen können, aber sie mögen den Geschmack von einigen nicht (wie Bromeheu), sie sind kalorienreicher oder hart für ihren Magen (wie Haferheu), oder sie können zu einem Überschuss an Kalzium führen (wie Bermudaheu und Alfalfaheu). Bluegrass-Heu und

Foto Von
Alea Ward

Wiesenheu sind ebenfalls geeignete Optionen für die Fütterung eines Meerschweinchens.

Obst und Gemüse

Neben reichlich hochwertigen Pellets und Heu solltest du deinen Meerschweinchen auch täglich frisches Blattgemüse und Kräuter geben. Besonders viele Meerschweinchen scheinen Rucola, Löwenzahnblätter und Zuckererbsen zu genießen. Und was Kräuter betrifft, mögen sie Majoran, Borretsch, Ringelblume, Kapuzinerkresse, Rosmarin, Petersilie, Koriander, Basilikum und Dill. Mowgli und Baloo mochten besonders Koriander, und sie quiekten besonders laut, nachdem ich ihnen davon gegeben hatte. Hier ist noch ein Tipp: Meerschweinchen sind großartig, um Grünzeug und Kräuter aus deiner Küche loszuwerden, die kurz vor dem Verderben stehen. Natürlich solltest du ihnen keine Lebensmittel geben, die bereits verdorben sind, aber wenn du es noch essen würdest, ist es wahrscheinlich auch für sie in Ordnung!

Es gibt auch andere Lebensmittel, die du deinem Haustier ein paar Mal pro Woche anbieten kannst, darunter Endivie, Karottengrün, Grünkohl, Mangold und Minze. Meerschweinchen mögen vielleicht auch Früchte wie Äpfel (ohne Kerne!), Mango und Papaya.

Insbesondere empfiehlt Janis Tibbets (The Parsons Pigs), Karotten, Gurken und Romanasalat anzubieten, um zu sehen, ob dein Haustier sie mag. Julene Robinson schlägt jedoch vor, dass Karotten tatsächlich schlecht für Meerschweinchen sind. Sie sagt, sie enthalten zu viel Zucker und Kalzium. Sie rät:

„Salate, die sie hauptsächlichbekommen sollten: grüner Blattsalat, roter Blattsalat und Frühlingssalatmischung (ohne Spinat). Salate und Gemüse, die sparsam gefüttert werden sollten: Romana (er hat einen höheren Kalziumgehalt und wird zu oft wegen E. coli zurückgerufen), Löwenzahnblätter (höherer Gehalt an Oxalaten, die Schlamm/Steine verursachen), Petersilie, Koriander, Grünkohl (höherer Kalziumgehalt) und Karotten (hoher Kalziumgehalt). Gutes Gemüse für täglich oder jeden zweiten Tag: Paprika/ Gemüsepaprika, jede Farbe, und rohe Rote Bete. Das Rote-Bete- Blatt und die Stängel können mit dem Salat gemischt werden. Die Knolle hat einen höheren Zuckergehalt und sollte nur alle paar Tage in kleinen Stücken gefüttert werden. Rote Bete ist gut als Pflegegemüse für ihr Herz, ihre Leber und besonders ihre Nieren. Es wird jedoch ihren Kot lila färben! Zuckererbsen und grüne Bohnen sind ein guter Leckerbissen, sollten aber nur einmal pro Woche gegeben werden."

JULENE ROBINSON
Wheek Care Guinea Pig Rescue

Möchtest du etwas Seltsames hören, das Meerschweinchen fressen können? Karton! Ich habe manchmal alte Toilettenpapierrollen in den Käfig meiner Meerschweinchen gelegt. Offensichtlich sollte dies nicht als Grundnahrungsmittel ihrer Ernährung betrachtet werden, aber es ist gut, um die Länge ihrer Zähne zu kontrollieren. Toilettenpapierrollen dienen auch als zusätzlicher Versteckplatz im Käfig. Bevor du Karton anbietest, stelle sicher, dass er mit lebensmittelsicherer Tinte, ungiftigem Kleber und frischem Papier hergestellt wurde. Oh, Meerschweinchen fressen auch gerne ihren eigenen Kot. Aber sie produzieren zwei Arten: nahrhaften Kot (oder „Caecotrophe") und Abfallkot – nur ersterer wird im Allgemeinen gefressen. Das liegt daran, dass er das Ergebnis unverdauter faseriger Nahrung ist; er enthält Vitamine und Mineralien wie Proteine, Vitamin K und B-Vitamine und hat gute Bakterien, die helfen, dass das Verdauungssystem richtig funktioniert.

Niemals füttern/giftig

Abgesehen von den Lebensmitteln, Kräutern und Pflanzen, die ich am Anfang dieses Kapitels erwähnt habe, sollten Meerschweinchen keine Erdnussbutter, Reis, Xylit (künstlicher Zucker), getrocknete Früchte, Hyazinthen, Akelei, Farne, Azaleen, Anemonen, Geranien, Stechpalmen, Mistel, Hortensien, Geißblatt, Efeu, Wacholder, Eibe, Tulpen, Ackergauchheil und Rhododendren fressen. Außerdem solltest du Fleisch und Zucker aller Art vermeiden. Der Körper eines Meerschweinchens verarbeitet sie nicht gut. Insbesondere empfiehlt Peggy Barron (Knoxville Guinea Pig Rescue), alle Joghurttropfen zu vermeiden, die in den meisten Zoohandlungen erhältlich sind.

Meerschweinchen sollten niemals Erdnussbutter zu sich nehmen

Du solltest einem Meerschweinchen auch niemals Zitrusfrüchte wie Zitronen und Limetten geben, da sie zu sauer sind und Mundgeschwüre verursachen können. Und scharfe Paprika, Rhabarber, Tomatenstängel und -blätter, Obstkerne und Apfelkerne können für sie giftig sein.

Wenn du dir generell nicht sicher bist, ob ein Lebensmittel für dein Haustier sicher ist, solltest du entweder im Internet nachschauen – ich kann dir nicht sagen, wie oft ich in meinem Leben gegoogelt habe „Können Meerschweinchen XYZ essen?" – oder einen Tierarzt konsultieren. Es ist immer besser, auf Nummer sicher zu gehen!

Nahrungsergänzungsmittel

Vitamin C

Wie ich bereits erwähnt habe, benötigen Meerschweinchen Vitamin-C-Ergänzung in ihrer Ernährung. Michiko Vartanian (Orange County Cavy Haven) schlägt vor, entweder flüssige oder kaubare Vitamine zu

*Foto Von
Kaarina Nelms*

verwenden, die für menschliche Kinder konzipiert sind. Sie rät, dass Vitamin-C-Tropfen im Wasser nicht so wirksam sind. Andere Experten weisen darauf hin, dass solche Tropfen den Geschmack des Wassers verändern können, und das kann ein Tier vom Trinken abhalten. Dennoch ist die Ergänzung von Vitamin C in der Ernährung deines Haustieres wichtig, weil es hilft, Skorbut zu vermeiden, der zu einer Verschlechterung der allgemeinen Gesundheit eines Meerschweinchens in Form von ungesundem Gewichtsverlust, übermäßigen und verlängerten Blutungen nach einer kleinen Verletzung, Schmerzen und Schwierigkeiten beim Fressen, Schwierigkeiten beim Gehen, inneren Blutungen und anderen Symptomen führt.

Vitamin C ist auch gut für ihr Immunsystem und hilft, Zellen vor freien Radikalen zu schützen, die Moleküle sind, die produziert werden, wenn der Körper der Meerschweinchen Nahrung abbaut, und sie spielen eine Rolle bei Herzerkrankungen, Krebs und anderen Krankheiten. Darüber hinaus ist Vitamin C notwendig für Dinge wie die Bildung von Blutgefäßen, Muskeln und Kollagen in Knochen und den gesamten Heilungsprozess des Körpers.

Kalzium

Kalzium ist notwendig für Meerschweinchen, um starke Knochen aufzubauen und zu erhalten. Außerdem wird es benötigt, damit ihr Herz, ihre Muskeln und Nerven richtig funktionieren. Phosphor wirkt gut mit Kalzium zusammen, aber das Gleichgewicht muss sorgfältig berücksichtigt werden. Das ideale Verhältnis ist 1,33:1, aber die Menge an Kalzium und Phosphor, die ein Tier benötigt, variiert und schwankt je nach Alter, Geschlecht und allgemeiner Gesundheit.

Foto Von Alea Ward

Eisen

Eisen ist lebenswichtig für die Fortpflanzungsgesundheit eines Meerschweinchens, aber es ist auch wesentlich für das allgemeine Wachstum und die Entwicklung – besonders wenn es um die Produktion neuer Blutzellen und die Bildung von Hämoglobin und Myoglobin geht, beides Proteine, die helfen, Sauerstoff durch den Körper zu transportieren.

Guinea Pig with Treats

Kalium

Wie bei Menschen reguliert Kalium den Blutfluss, was für den Sauerstofftransport im Körper von Meerschweinchen wesentlich ist. Es hilft auch bei der Zuteilung, wie Kohlenhydrate im Körper genutzt werden, und als solches spielt es eine wichtige Rolle bei der Energienutzung, der Bekämpfung von Arthritis (Entzündung oder Schwellung der Gelenke) und der Erhaltung der Knochengesundheit.

Ringelblume

Dieses Nahrungsergänzungsmittel ist auch bekannt dafür, dass es bei der Heilung äußerer Verletzungen hilft und das Immunsystem stärkt.

Kamille

Kamille kann einem aufgeregten Tier helfen, sich auf natürliche Weise zu beruhigen. Sie wird auch mit Schmerzmanagement und Unterstützung des Verdauungsprozesses in Verbindung gebracht.

Löwenzahnblatt

Als ein Kraut, das reich an Ballaststoffen ist, kann es bei der Verdauung und der Erhaltung der Sehkraft helfen, die Funktion von Nerven und Muskeln unterstützen und gesundes Blut fördern. Löwenzahnblatt kann auch Blähungen lindern, die sehr gefährlich sein können.

Meerschweinchen können Löwenzahn fressen

Himbeerblatt

Himbeerblatt hilft, den Stoffwechsel eines Meerschweinchens aufgrund seines hohen Ballaststoffgehalts zu unterstützen. Dies ist wichtig, weil du möchtest, dass dein Haustier in der Lage ist, Nahrung und Nährstoffe in richtige Energie umzuwandeln. Und ein energiegeladenes Meerschweinchen wird Popcorning machen und die „Zoomies" bekommen, beides ist entzückend anzusehen. Ballaststoffreiche Nahrungsergänzungsmittel können auch helfen, den Blutzuckerspiegel zu kontrollieren, was besonders wichtig ist, wenn du Obst in die Ernährung deines Meerschweinchens einführen möchtest.

DIY-Futter und Leckerbissen

Critical Care Pellet-Brei

Dieses spezielle Futter muss möglicherweise hergestellt (oder gekauft) werden, wenn du bemerkst, dass dein Meerschweinchen aufgehört hat zu fressen. Es ist eine Möglichkeit, sie fast zu „zwangsfüttern", und es hält ihr Verdauungssystem am Laufen, bis ihre Gesundheit wiederhergestellt ist.

Wenn eines meiner Meerschweinchen ein Antibiotikum bekommt, füge ich auch einen Kotpellet von einem gesunden Meerschweinchen zur Mischung im kleinen Behälter hinzu, kurz bevor ich sie füttere, als Probiotikum.

Leckerbissen

Um Geld für lokale Tierheime zu sammeln, haben einige andere Studenten und ich einen Tier-Kuchenverkauf veranstaltet. Ich beschloss, Meerschweinchen-Leckerbissen zu machen. Das Rezept war wie folgt:

- 1 Tasse Oxbow Critical Care (ich habe das durch Heu ersetzt)
- 3 EL Haferflocken
- 1 Apfel, gerieben
- 1 Karotte, gerieben
- 2 EL Wasser

Heize deinen Ofen auf etwa 180°C vor.

Miss alle Zutaten ab und vermische sie. Wenn die Mischung trocken erscheint, kannst du zwei EL Wasser hinzufügen.

Dann portioniere einzelne kleine Leckerbissen (ich habe das mit meinen Händen gemacht) und lege sie auf ein Backblech. Backe sie 30 Minuten lang. Lass sie abkühlen, bevor du sie deinen Haustieren anbietest.

Es gibt viele andere Rezepte, die du durch eine einfache Google-Suche finden kannst. Leckerbissen für dein Meerschweinchen zu machen, ist eine großartige Möglichkeit, es zu pflegen und eine Bindung zu ihm aufzubauen!

1. Um deinen eigenen Critical Care Pelletbrei herzustellen, nimm etwa 1/4 Tasse Pellets, gib reichlich Wasser darauf und erhitze sie in der Mikrowelle für etwa 15 Sekunden, damit die Pellets das Wasser aufnehmen und aufquellen.

2. Stelle sie beiseite

3. Nimm eine Tomate, eine Paprika (Farbe nach Wahl) und eine Möhre (oder anderes Gemüse) und püriere alles in einem Mixer zur Konsistenz eines Smoothies. (Vom Probieren rate ich allerdings ab!)

4. Vermische den Pelletbrei gründlich mit dem pürierten Gemüse. Gib diese komplette Mischung in eine Schüssel. Stelle sie bis zur Verwendung in den Kühlschrank.

5. Wenn du sie verwenden möchtest, gib etwa zwei Esslöffel der Mischung in einen kleinen Plastikbehälter und verdünne sie mit Orangensaft, vorzugsweise frisch gepresst, geschmacksneutralem Elektrolytgetränk (wie Humana Elektrolyt) oder warmem Wasser. Erwärme alles in der Mikrowelle, bis es lauwarm ist, und füttere mit einer Spritze so viel, wie dein Tier fressen mag.

Bei der Handfütterung mit Critical Care oder Pelletbrei sollten sie mindestens 10 bis 15 ml alle 4 bis 6 Stunden fressen. Achte darauf, unverbrauchtes Critical Care im Kühlschrank aufzubewahren. Es wird nach ein oder zwei Tagen sauer.

Checkliste für ein neues Meerschweinchen

Du kannst diese Liste verwenden, um sicherzustellen, dass du vollständig auf dein neues Haustier vorbereitet bist.

CHECKLISTE FÜR NEUE HAUSTIERE

Meerschweinchen

- ☑ LEBENSRAUM
- ☑ HEU
- ☑ SPIELZEUG
- ☑ LECKEREIEN
- ☑ WASSERFLASCHE
- ☑ EINSTREU
- ☑ FUTTER
- ☑ KNABBERSACHEN
- ☑ VERSTECK
- ☑ FUTTERNAPF

KAPITEL 6

Gesundheit und körperliches Wohlbefinden

Denke daran, dass Meerschweinchen Lebewesen sind, die mit unterschiedlichen Veranlagungen, Gefühlen und Bedürfnissen geboren werden. Daher ist es nicht nur für das soziale Wohlbefinden deines Haustieres entscheidend, dass du Zeit mit ihm verbringst, sondern es ist auch für dich wichtig, weil du jede Eigenart

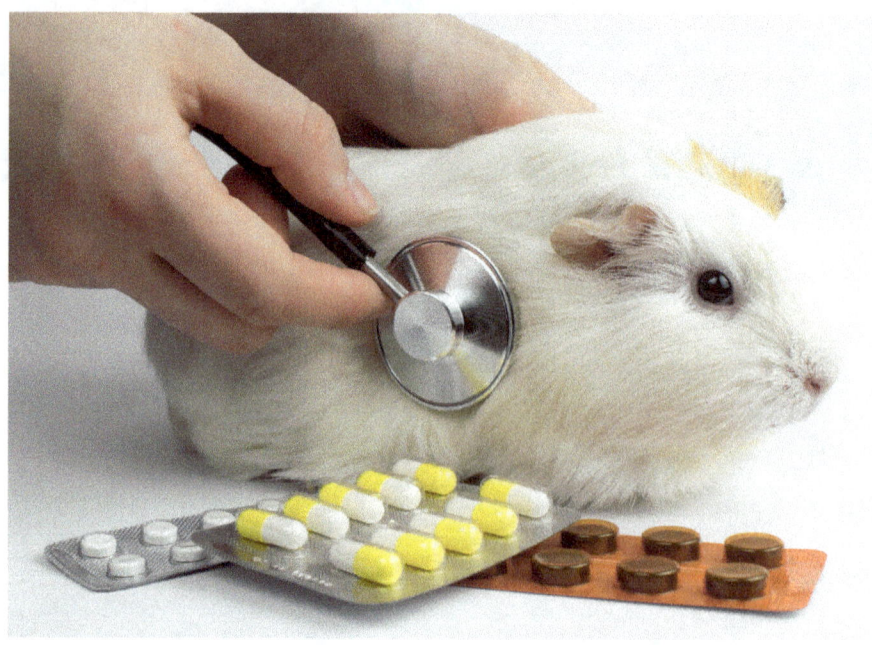

deines Meerschweinchens kennenlernen musst, um sein allgemeines Temperament, seine Vorlieben, Abneigungen und mehr zu verstehen. Außerdem ermöglicht es dir, alles über dein spezielles Meerschweinchen zu wissen, Krankheiten oder Leiden viel schneller zu erkennen – und frühzeitige Intervention und medizinische Behandlung sind immer von Vorteil.

Wie bereits erwähnt, musst du neben dem Kuscheln oder Spielen mit deinen Meerschweinchen auch für eine richtige Ernährung sorgen, eine saubere Umgebung aufrechterhalten, sicherstellen, dass sie genügend Bewegung bekommen (innerhalb und außerhalb ihrer Käfige) und auf alle anderen Bedürfnisse eingehen, die sie haben könnten (wie Fellpflege).

Fellpflege

Bürsten

Was die Fellpflege betrifft, brauchen Meerschweinchen deine Hilfe bei der Pflege ihres Aussehens. In Bezug auf ihr Fell benötigen kurzhaarige Meerschweinchen wöchentliches Bürsten, und langhaarige Rassen werden mehr benötigen. In jedem Fall stelle sicher, dass du sanft und in die gleiche Richtung wie das Haarwachstum bürstest (vorzugsweise mit einem engzahnigen Kamm). Dies entfernt abgestorbene Haare, Verfilzungen und Schmutz aller Art. Es gibt dir auch die Möglichkeit, nach Anzeichen von Milben und Läusen zu suchen. Im Allgemeinen würde ich empfehlen, deinem Haustier während dieses Prozesses viele liebevolle Streicheleinheiten und Leckerbissen zu geben. So wird es die Aktivität mit Zuneigung verbinden. Und es kann eine schöne Zeit der Bindung für alle Beteiligten werden.

Ein Meerschweinchen mit einem feinzahnigen Kamm zu bürsten, ist am besten.

Baden

Meerschweinchen benötigen nur Bäder, wenn ihre Haut oder ihr Fell mit Urin und Kot verschmutzt ist oder für die regelmäßige Reinigung ihrer Talgdrüsen (die sich in der Nähe des unteren Teils ihrer Wirbelsäule befinden), mit denen sie ihr Revier markieren. Aber selbst in diesen Fällen brauchen sie normalerweise nur ein „Po-Bad", was bedeutet, dass nur ihr Hinterteil eingeseift und dann abgespült wird. Dies geht am besten im Waschbecken oder in einer flachen Schüssel, mit einem Handtuch auf dem Boden, um zu verhindern, dass das Meerschweinchen ausrutscht. Du solltest jedoch niemals das Gefäß, in das du das Meerschweinchen setzt, mehr als zwei bis fünf Zentimeter füllen, da sie es nicht mögen, untergetaucht zu werden.

Einige behaupten, dass nicht-medizinische Seife für Menschen, wie flüssiges Dawn oder Ivory, wenn sie mit Wasser verdünnt wird, sicher zu verwenden ist. Andere denken jedoch, dass die scharfen Chemikalien in diesen Produkten immer noch Hautreizungen verursachen können (selbst wenn sie verdünnt sind) und glauben, dass Shampoos, die speziell für Meerschweinchen hergestellt wurden, verwendet werden sollten.

Egal, womit du dein Meerschweinchen wäschst, du musst sicherstellen, dass die Seife gründlich ausgespült wird (Spülbrausen funktionieren gut für diesen Zweck). Nach dem Bad ist normalerweise nur Abtrocknen mit einem Handtuch nötig. Stelle sicher, dass dein Meerschweinchen gründlich getrocknet ist – sie können krank werden, wenn sie auskühlen. Wenn du jedoch eine langhaarige Rasse hast und das Gefühl hast, dass es in deinem Haus kalt ist, kann ein Föhn auf niedriger Stufe helfen, sie schneller zu trocknen. Natürlich solltest du dabei vorsichtig sein, weil du die Haut deines Haustieres nicht verbrennen möchtest!

Bei haarlosen Meerschweinchen solltest du unnötige Bäder vermeiden, da sie ihre Haut austrocknen können, die ohnehin schon Hilfe und Pflege (mit Kokosöl) benötigt, um ausreichend mit Feuchtigkeit versorgt zu werden.

Beste Shampoos für Meerschweinchen

- **Beaphar Shampoo für Nager und Kleinsäuger** - ein mildes, pH-neutrales und hypoallergenes Pflegeshampoo, das speziell für Meerschweinchen, Kaninchen und andere Kleintiere entwickelt wurde

- **Biogance Shampoo für Meerschweinchen & Hamster** - speziell für kleine Nagetiere formuliert

- **AWIWA Pet Shampoo für Langhaar und Kurzhaar** - 100% Bio, ohne Silikone, Parabene und Farbstoffe, vegan und tierversuchsfrei

- **Johnson's Baby Shampoo** - milde Alternative, in Deutschland weit verfügbar und oft von Meerschweinchen-Haltern empfohlen

- **Spezielles Kleintiershampoo** von deutschen Tierbedarfsgeschäften und Marken

Diese Produkte sind in deutschen Zoohandlungen, bei Online-Tierbedarf-Anbietern wie Amazon.de und Zooplus sowie in lokalen Tierbedarfsgeschäften erhältlich.

7 SCHRITTE FÜR DAS PERFEKTE BAD

1 Gib lauwarmes Wasser in einen passenden Behälter, etwa ein bis zwei Zentimeter hoch.

2 Setze dein Meerschweinchen langsam ins Wasser und lass es sich daran gewöhnen.

3 Nimm ein paar Tropfen Shampoo in deine Hände

4 Trage es auf den Körper auf (nicht den Kopf).

5 Spüle die Seife gründlich aus dem Fell.

6 Nimm das Meerschweinchen aus dem Behälter oder dem Waschbecken und wickle es in ein Handtuch.

7 Sobald das Meerschweinchen trocken ist, entscheiden sich einige Besitzer dafür, es zu pflegen und Salben oder Cremes (wie Kokosöl) auf die Haut aufzutragen.

Langhaar-Pflege

Im Allgemeinen sollten langhaarige Meerschweinchen (wie Silkies, Texel, Peruaner oder Coronets), deren Haare länger als acht Zentimeter wachsen, einmal im Monat geschnitten werden. Logischerweise ist längeres Haar anfälliger für Verschmutzung – besonders um das Hinterteil des Meerschweinchens herum. Und ein verschmutztes Fell kann Infektionen und andere Gesundheitsprobleme verursachen. Am sichersten ist es, Scheren mit abgerundeten Spitzen zum Schneiden zu verwenden. Mit scharfen Enden läufst du Gefahr, dein Haustier versehentlich zu verletzen, wenn es plötzlich zuckt oder sich bewegt. Wenn dein Meerschweinchen während der Fellpflege besonders schreckhaft ist, solltest du ständig Futter und Leckerbissen anbieten, während du das Haar schneidest. Es gibt viele Tutorials online, die zeigen, wie man seinem Meerschweinchen einen Haarschnitt gibt – und natürlich kannst du immer deinen Tierarzt um Tipps bitten.

Peruanische Meerschweinchen sind eine der Rassen, die monatlich geschnitten werden müssen.

Krallenschneiden

Du musst auch sicherstellen, dass die Krallen deines Meerschweinchens geschnitten werden. Im Allgemeinen muss dies jeden Monat oder alle zwei Monate erfolgen. Junge, weniger aktive Meerschweinchen und solche, die mit ausgewogener Ernährung gefüttert werden, neigen dazu, ihre Krallen schneller wachsen zu lassen. Im Gegensatz dazu neigen aktivere Meerschweinchen dazu, ihre Krallen abzunutzen. Ihre Krallen sollten mit Krallenschneidern für Katzen geschnitten werden. Ich habe einen Scherentyp verwendet, wie in der Abbildung gezeigt. Du solltest niemals versuchen, die Krallen deines Meerschweinchens zu schneiden, es sei denn, dir wurde von einem Fachmann gezeigt, wie man das macht. Ein Besuch beim Tierarzt oder das Ansehen eines Videos aus einer seriösen Quelle kann dabei helfen.

Die Aufgabe des Schneidens wird am besten von zwei Personen erledigt – eine hält das Meerschweinchen sicher und nah an ihrem Körper, die andere führt das eigentliche Schneiden durch. Aber wenn du keine Hilfe hast, kannst du das Meerschweinchen auch auf deinem

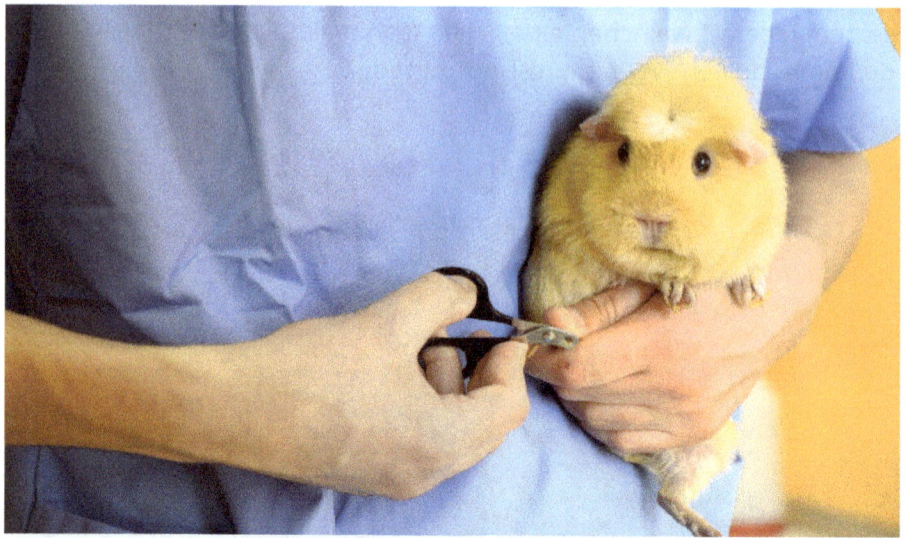

Meerschweinchen beim Krallenschneiden

Schoß halten oder es sanft in ein Handtuch wickeln und unter einem Arm halten. Stelle nur sicher, dass seine hintere Hälfte und vordere Hälfte immer gleichermaßen gestützt werden. Eine Kralle sollte nach der anderen geschnitten werden, und du solltest sehr vorsichtig sein, nicht zu nahe an die Blutversorgung (bekannt als „Lebendteil") zu schneiden. Auch hier: Schau dir Videos an oder frage deinen Tierarzt, wie man diesen an den Krallen deines Tieres erkennt.

Wenn du jedoch versehentlich den Lebendteil anschneidest und die Kralle zu bluten beginnt, kannst du ein blutstillendes Pulver oder einen blutstillenden Stift (beides ist in Zoohandlungen erhältlich) auftragen. Maisstärke oder Mehl kann auch verwendet werden. Du kannst auch die Kralle sanft gegen ein Stück Seife oder Bienenwachs drücken. Wenn nichts davon das Blut stoppt, drücke ein Papiertuch für ein paar Minuten sanft gegen die betroffene Kralle. Stelle immer sicher, dass die Blutung vollständig gestoppt hat, bevor du dein Meerschweinchen zurück in seinen Käfig setzt.

Analsäcke

Laut Susan Jones (AZ Cavy Country) „sollten Meerschweinchen regelmäßig auf Anzeichen von Verstopfung der Analsäcke untersucht werden, besonders männliche Tiere. Eine Verstopfung kann zu Unbehagen und Infektionen führen, wenn sie nicht behandelt wird." Becky Wilson von der Metropolitan Guinea Pig Rescue in Virginia unterstützt das. Sie sagt, dass insbesondere ältere männliche Meerschweinchen, die nicht kastriert wurden, täglich ihre Analhöhle gereinigt bekommen müssen.

Nicht alle Experten stimmen dem zu. Stattdessen glauben einige erfahrene Meerschweinchenbesitzer, dass du die Säcke nicht reinigen musst, es sei denn, du bemerkst speziell ein Problem oder eine Verstopfung. Wie bei allem anderen wäre es am besten, einen Tierarzt zu konsultieren, um einen endgültigen Rat zu erhalten.

Zähneputzen

Im Gegensatz zu anderen Haustieren benötigen Meerschweinchen kein regelmäßiges Zähneputzen zu Hause oder durch einen Tierarzt. Stattdessen musst du, wie wir bereits besprochen haben, Heu und Holzmaterialien bereitstellen, um ihre ständig wachsenden Zähne auf einer gesunden Länge zu halten. Die krümeligen trockenen Pellets reichen nicht aus. Wenn du bemerkst, dass dein Meerschweinchen nicht an seinem Heu knabbert, solltest du es so schnell wie möglich zu einem Tierarzt bringen. Das, zusammen mit Sabbern oder Schmerzen

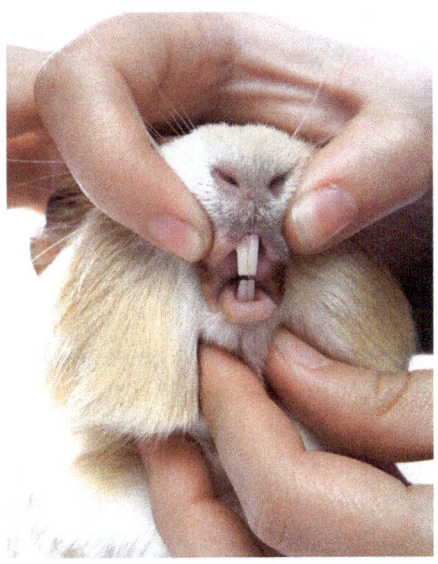

Meerschweinchen neigen zu überwachsenen und fehlgestellten Zähnen

beim Fressen, könnte ein Zeichen für eine Zahnwurzelimpaktierung sein, die wie eine Weisheitszahnimpaktierung beim Menschen ist (ziemlich schmerzhaft). Außerdem solltest du täglich Vitamin-C-Ergänzungen bereitstellen, um Zähne und Zahnfleisch gesund zu halten.

Haarfärben

Das ist ein ziemlich umstrittenes Thema in der Meerschweinchen-Community, und einige scheinen zu denken, dass es völlig harmlos ist, wenn du die richtigen Produkte (100 Prozent tierfreundlich) verwendest. Andere, wie ich, sind keine großen Fans vom Färben der Haare und des Fells von Tieren im Allgemeinen. Irgendetwas daran macht mich traurig, weil sie offensichtlich diese Wahl nicht getroffen haben. Ich weiß nicht. Es scheint einfach frivol und sinnlos. Wenn du das Bedürfnis hast, das Haar deines Meerschweinchens zu färben, recherchiere bitte so viel wie möglich, um das am wenigsten schädliche Produkt zu finden.

Körperliche Bewegung

Im Käfig

Wenn sie in ihrem Gehege sind, müssen Meerschweinchen mit Spielzeug wie Bällen und Kauartikeln stimuliert werden, mit denen sie interagieren und sich bewegen können. Deine Haustiere mögen vielleicht einige der Spielzeuge nicht, die du besorgst, aber das ist in Ordnung. Beobachte sie einfach und sieh, mit welchen sie am meisten interagieren, damit du bei deinem nächsten Einkauf besser informiert bist. Kisten und Rampen können ihnen auch helfen, ihre Energie loszuwerden. Du kannst auch Leckerbissen im Käfig verstecken, damit sie sie finden.

Wir haben das bereits behandelt, aber das ist ein weiterer Grund, warum der Käfig so groß wie möglich sein sollte. Du möchtest deine Haustiere ermutigen, darin zu springen und herumzulaufen, und das

*Foto Von
Anne Vila*

wird nicht passieren, wenn sie nicht genug Platz haben. Stelle sicher, dass du den Käfig nicht mit zu vielen Spielzeugen und Zubehörteilen überfüllst. Bedenke immer, dass sie mehr offenen Raum als eingeengten Raum benötigen.

Außerhalb des Käfigs

Idealerweise sollte ein Meerschweinchen jeden Tag drei bis vier Stunden freien Auslauf zum Spielen bekommen. Allerdings sollten sie

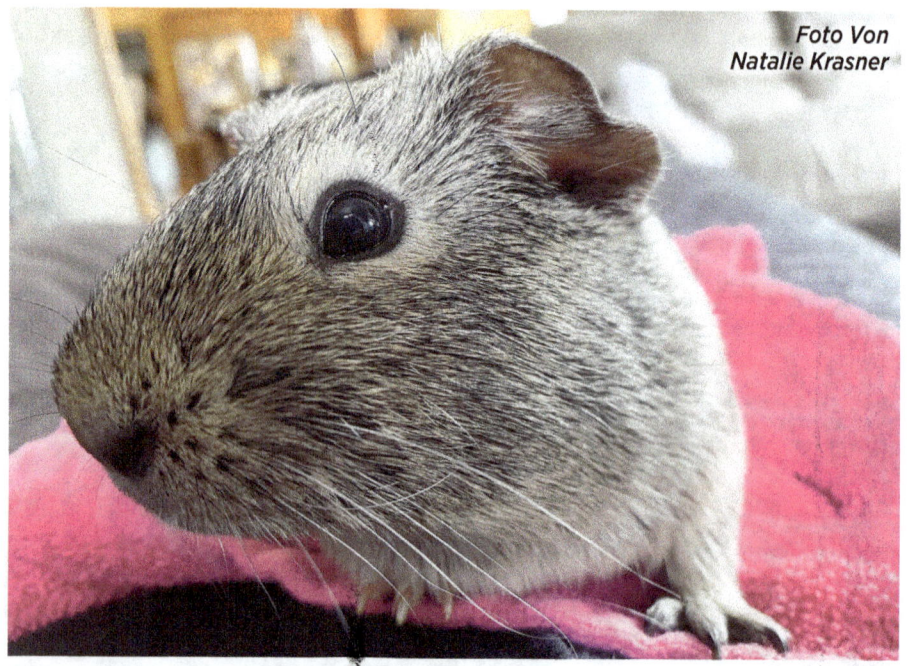

Foto Von
Natalie Krasner

niemals unbeaufsichtigt außerhalb ihres Käfigs sein. Du möchtest nicht, dass dein Haustier Zugang zu Kabeln bekommt, an denen es kauen kann, oder zu anderen Gefahren in deinem Zuhause. Wenn du dein Meerschweinchen nicht immer beobachten kannst, dann solltest du dir eine Art großen, umzäunten Bereich zulegen (Babygitter können dafür gut funktionieren). Aber du musst auch Sicherheitsüberlegungen anstellen in Bezug auf die Platzierung, weg von den Gefahren, die ich gerade erwähnt habe, und darauf, ob du andere Tiere im Haus hast.

Spielzeug wie Tunnel und anderes sollten zugänglich sein, genau wie im Käfig; diese Gegenstände werden Bewegung und Erkundung fördern. Als ich Mowgli und Baloo hatte, kaufte ich separate Stofftunnel für sie zum Spielen in meinem Wohnzimmer. Was einen umzäunten Bereich betrifft, war meine Wohnung ziemlich klein, und ein Babygitter hätte einen erheblichen Teil des Platzes eingenommen. Stattdessen saßen mein Freund und ich auf dem Boden und berührten uns mit unseren Füßen in einem Kreis, und wir beobachteten und interagierten mit ihnen, während sie spielten. Meine Jungs waren allerdings nicht sehr aktiv – ich

Foto Von
Emily Schmidt

weiß nicht, wie das mit Haustieren funktionieren würde, die energischer sind und gerne herumflitzen.

Ich sollte auch erwähnen, dass einige Meerschweinchen – besonders solche, die neu bei dir und in deinem Zuhause sind, zumindest nach meiner Erfahrung – versucht sein werden, unter Betten, Sofas, Kühlschränke usw. zu laufen und sich zu verstecken, also solltest du darauf achten, diese Bereiche abzusperren, wenn du kannst. Es kann wirklich schwer (und zeitaufwendig) sein, die Meerschweinchen wieder hervorzulocken. Dies macht sie auch hilflos gegenüber anderen Tieren im Haus.

Etwas anderes, woran du denken solltest, ist, Handtücher in den Bereichen auszulegen, zu denen dein Meerschweinchen außerhalb des Käfigs Zugang hat. Dies fängt den meisten Urin oder Kot auf, wenn deine Meerschweinchen ihr Geschäft erledigen.

Krankheiten/Beschwerden

Wie ich bereits sagte, ist es wichtig, Anzeichen von Beschwerden eines Meerschweinchens zu erkennen und diese von einem Fachmann behandeln zu lassen. Wie Bailey Pettit (Pflegeeltern für Meerschweinchen-Rettung) jedoch erwähnte, sind Meerschweinchen Beutetiere, daher verstecken sie ihre Krankheiten sehr gut. Deshalb ist es wichtig, dass du die Eigenheiten der Persönlichkeit, Vorlieben und typischen Verhaltensweisen deines Meerschweinchens kennenlernst. Pettit fährt fort: „Achte auf Veränderungen im Verhalten deines Meerschweinchens. Wenn es normalerweise aktiv und verspielt ist und plötzlich lethargisch wird oder sich versteckt, könnte das ein Zeichen für eine Krankheit sein."

Du solltest auch auf Anzeichen von vermindertem Appetit oder Schwierigkeiten beim Fressen, Gewichtsverlust, Sabbern, erhöhtem Durst, Schwankungen in der Konsistenz des Kots, Verstopfung, fleckigem Fell/Haarausfall, blutiger Haut, Zahnproblemen, raspelnder Atmung und Wucherungen an irgendeinem Körperteil achten. Es ist am besten, sich die Gewohnheit täglicher „Check-ups" anzueignen, die einen gründlichen Scan des Körpers deines Haustieres beinhalten. Dies kann während des Kuschelns erfolgen, so dass das Meerschweinchen möglicherweise gar nicht bemerkt, dass es passiert.

Sara Pilgrim (Companions Spay & Neuter Clinic) empfiehlt, das regelmäßige Wiegen deines Meerschweinchens in die Gesundheitskontrollen mit aufzunehmen. Sie sagt dazu:

„Das wöchentliche Wiegen deines Meerschweinchens ist eine gute Praxis, da Gewichtsverlust ein frühes Anzeichen für eine Erkrankung sein kann. Das ist besonders wichtig, wenn Meerschweinchen älter werden und anfälliger für altersbedingte Krankheiten sind. Wenn ein Gewichtsverlust oder andere

GESUNDHEITSALARM
Sollte etwas mit dem Meerschweinchen nicht richtig aussehen, sich nicht richtig anhören, falsch riechen oder wenn das Meerschweinchen sich nicht normal verhält, ist es ein Notfall und tierärztliche Versorgung sollte umgehend in Anspruch genommen werden. **Julene Robinson – Wheek Care**

Krankheitssymptome festgestellt werden, sollte man das Meerschweinchen zur Untersuchung zu einem Tierarzt bringen. Dabei ist es wichtig, einen Tierarzt zu finden, der Erfahrung mit der Behandlung von exotischen Tieren hat – viele Tierärzte behandeln vor allem Hunde und Katzen, und deren Gesundheitsbedürfnisse unterscheiden sich stark von denen eines Meerschweinchens."

Becky Wilson (Metropolitan Guinea Pig Rescue) ergänzt:
„Eine Waage ist sehr wichtig, um das Meerschweinchen wöchentlich zu wiegen. Meerschweinchen neigen dazu, Krankheiten zu verbergen. Oft ist ein schleichender Gewichtsverlust das erste Anzeichen dafür, dass etwas nicht stimmt."

Häufige Beschwerden bei Meerschweinchen

Atemwegsinfektionen

- Lungenentzündung ist eine der häufigsten Krankheiten, an denen ein Meerschweinchen leiden kann. Sie wird durch Bakterien wie Bordetella und Streptococcus verursacht. Stress, Überbelegung, Trächtigkeit und das Vorhandensein anderer Krankheiten erhöhen das Risiko, dass ein Meerschweinchen eine Lungenentzündung bekommt.

Durchfall

- Meerschweinchen haben empfindliche Magen-Darm-Trakte. Sie besitzen eine spezifische natürliche Population von „guten" Bakterien in ihrem Magen-Darm-Trakt. Wenn jedoch diese normale Bakterienflora verändert wird oder sich mit „schlechten" Bakterien aus dem Gleichgewicht gerät, kann Durchfall auftreten.

Skorbut (Vitamin-C-Mangel)

- Wie bereits erwähnt, können Meerschweinchen kein eigenes Vitamin C produzieren. Wenn sie keine Ergänzung erhalten, können sie

Skorbut entwickeln. Dies kann zu einem struppigen Fell, Appetitlosigkeit, Durchfall, Bewegungsunlust, Schmerzen, Schwellungen an Füßen und Gelenken sowie Blutungen und Geschwüren am Zahnfleisch oder an der Haut führen.

Tumore

- Meerschweinchen können verschiedene Tumore entwickeln, aber am häufigsten treten sie auf der Haut und im Brustbereich auf.

Abszesse

- Infizierte Schwellungen, die eine Ansammlung von Eiter und Bakterien enthalten, können Lymphknoten, Haut, Muskeln, Zähne, Knochen und innere Organe betreffen. Wenn sich solche entwickeln, müssen sie chirurgisch entfernt werden. Eine Antibiotikabehandlung wird wahrscheinlich ebenfalls folgen.

Meerschweinchen können auch unter Harnwegsproblemen, Haarbeißen (Kauen am eigenen Fell) und Pododermatitis (auch bekannt als "Bumblefoot", bei dem Wunden an den Fußsohlen entstehen) leiden.

** Ein Meerschweinchen, bei dem der Verdacht auf die oben genannten Probleme (oder eine andere Krankheit) besteht, sollte so schnell wie möglich von einem Tierarzt untersucht werden. **

Um dich weiterzubilden und Ratschläge von erfahrenen Besitzern zu bekommen, kannst du Online-Chatgruppen beitreten, zum Beispiel auf Facebook, und spezifische Meerschwei*nchen-Websites wie Ha*ppy Cavy, GuineaDad (diese Seite mag ich gene*rell sehr!*) oder Yummypets besuchen. Dies kann eine hilfreiche Möglichkeit sein, um andere Meerschweinchen-Liebhaber kennenzulernen und Einblicke in die richtige Pflege deines Haustiers zu erlangen. Es kann auch eine gute Quelle für Gesundheitsinformationen sein. Bitte beachte jedoch, dass Meerschweinchen sehr schnell krank werden können, und im Zweifelsfall solltest du sie immer einem Profi vorstellen.

In ähnlicher Weise empfiehlt Haley Del Valle von Bigfoot's Small Animal Rescue, stets auf krustige oder tränende Augen, Husten oder Keuchen, Nasenausfluss, Wunden an den Füßen, Lethargie (oder geringe Aktivität—besonders, wenn das Tier sonst sehr aktiv ist) und Sabbern zu achten. Diese Anzeichen können darauf hindeuten, dass dein Meerschweinchen sofort zum Tierarzt sollte.

Einen Tierarzt auswählen

Worauf du bei der Wahl des richtigen Tierarztes achten solltest

1. **Suche nach Kliniken, die auf Kleintiere spezialisiert sind** (einige behandeln normalerweise nur Hunde und Katzen). Am besten sind Tierärzte, die sich auf exotische Tiere spezialisiert haben und häufig Kaninchen behandeln (da Kaninchen und Meerschweinchen ähnliche Tiere sind). Meiner Erfahrung nach gibt ein kurzer Blick auf die Website einer Klinik Aufschluss darüber, welche Tierarten dort behandelt werden. (Es ist auch ratsam, herauszufinden, wo sich die nächstgelegenen Notfall-/24-Stunden-Tierärzte für exotische Tiere in deiner Nähe befinden.)

2. **Hol dir eine Empfehlung.** Das ist ein weiterer Fall, in dem es nützlich sein kann, Teil einer Online-Community von anderen zu sein, die Meerschweinchen lieben!

3. **Prüfe die Qualifikationen.** Du möchtest sicherstellen, dass dein Meerschweinchen von einem erstklassigen und fürsorglichen Profi behandelt wird. Um das herauszufinden, kannst du die Website der American Veterinary Medical Association (AVMA)

FUNFACT
Selbstreinigende Meerschweinchen

Meerschweinchen sondern eine kleine Menge milchig-weiße Flüssigkeit aus ihren Augen ab, die Teil ihrer Pflege ist. Diese Substanz dient als Schmiermittel für die Augen deines Meerschweinchens und hilft ihm, sein Gesicht zu reinigen.

besuchen, um einen bestimmten Tierarzt zu überprüfen und seine Erfahrung mit Meerschweinchen zu sehen. Weitere Ressourcen sind die American Association of Animal Hospitals oder die tierärztliche Vereinigung deines Bundesstaates.

4. **Besuche mehrere Kliniken, bevor du deine Entscheidung** triffst. Es ist wirklich wichtig, das „Gefühl" einer bestimmten Klinik zu bekommen. Wenn du nicht sofort beim Betreten spürst, dass die Leute eine Leidenschaft für Tiere haben und sich wirklich um die Gesundheit deines Haustiers kümmern, ist es wahrscheinlich nicht der richtige Ort. Falls du dir die Zeit für einen Besuch nicht nehmen möchtest, kannst du auch online nach Erfahrungsberichten von anderen suchen. Du kannst auch eine Online-Gruppe konsultieren, wenn es Mitglieder gibt, die in deiner Nähe wohnen.

5. **Erkundige dich, ob Haustierversicherungen akzeptiert werden und ob Kreditkartenzahlungen erl**aubt sind. Einige Tierärzte bieten Rabatte, wenn ihre Rechnungen über das Versicherungsprogramm der Firma bezahlt werden, daher könnte es für deinen Geldbeutel vorteilhaft sein, nachzufragen. Es könnte auch nötig sein, zu fragen, ob Kreditkartenzahlungen erlaubt sind – besonders, wenn du mit einer unerwarteten Rechnung konfrontiert wirst.

Was wird dein Tierarzt für dich tun?

- Führe eine körperliche Untersuchung durch und mach alle notwendigen diagnostischen Tests (wie Blutuntersuchungen, Mendel-Genetik-Tests und Urinanalysen)
- Basierend auf einer Diagnose können Medikamente verschrieben oder Operationen durchgeführt werden.

Es wird normalerweise empfohlen, dein Meerschweinchen mindestens einmal im Jahr zum Tierarzt zu bringen. Ältere Meerschweinchen sollten jedoch möglicherweise häufiger untersucht werden. Und natürlich solltest du dein Haustier zu einem Fachmann bringen, wenn du Verhaltensänderungen oder Krankheitsanzeichen bemerkst. Tierarztrechnungen können teuer sein, und wenn deine Klinik keine

Kreditkartenzahlungen akzeptiert, solltest du bewusst einen guten Betrag für regelmäßige Untersuchungen und Notfälle zurücklegen.

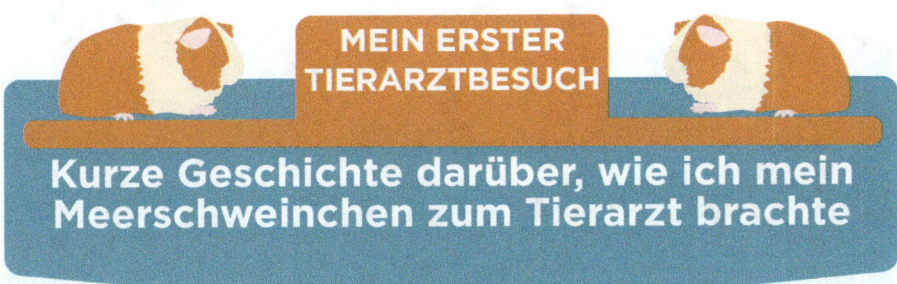

MEIN ERSTER TIERARZTBESUCH

Kurze Geschichte darüber, wie ich mein Meerschweinchen zum Tierarzt brachte

Ich musste meinen kleinen Liebling Mowgli zum Tierarzt bringen und hatte das Glück, eine Kleintierpraxis direkt in meiner Straße zu finden. Beim Kuscheln war mir ein seltsames Gewächs auf seiner Haut aufgefallen, und ich machte mir Sorgen, dass es ein Tumor oder etwas anderes sein könnte, das medizinische Behandlung erfordern würde. Glücklicherweise wurde festgestellt, dass es nichts Besorgniserregendes war. Aber ich war froh, dass ich ihn untersuchen ließ, um Gewissheit zu haben. Ich kann mich nicht mehr genau erinnern, wie viel es gekostet hat, aber es waren sicherlich weniger als 50 Euro.

Ich wusste sofort, dass diese Tierärztin die Richtige für mich war, denn als ich ihr Behandlungszimmer betrat, war es über und über mit Meerschweinchen dekoriert – die Tapete, die Bilder, einfach alles. Es war das reinste Paradies für mich! Ich konnte auch gleich erkennen, dass sie Meerschweinchen wirklich liebte, und sie behandelte Mowgli mit sanfter und respektvoller Hand. Natürlich lobte sie auch, wie freundlich und glücklich er wirkte, was mir natürlich auch schmeichelte. Ich war so stolz auf meinen kleinen Kerl! Ich hoffe, du machst ähnliche Erfahrungen, falls dein Meerschweinchen einmal fachmännische Betreuung brauchen sollte.

KAPITEL 7

Mentale/Emotionale Gesundheit und Bindung!

Wie wir brauchen auch Meerschweinchen Interaktion, Geselligkeit und Anregung, um ihre mentale und physische Gesundheit zu fördern. Wenn du also nicht zu 100 Prozent bereit bist, wertvolle Zeit mit deinem Haustier zu verbringen, ist ein Meerschweinchen vielleicht nicht das Richtige für dich. Stress und Langeweile können zu körperlichen Beschwerden führen. Du solltest auch wirklich darüber nachdenken, mindestens zwei Tiere zu halten, damit dein Haustier einen ständigen Gefährten hat. Aber egal, ob du eins, drei, vier oder mehr Meerschweinchen hast, du musst trotzdem Zeit mit ihnen verbringen, um sicherzustellen, dass sie so glücklich und gesund wie möglich sind.

Spiel und Bindung (mit dir und Käfiggefährten)

Falls ich dich noch nicht überzeugt habe, sage ich es noch einmal: Meerschweinchen sind gesellige Tiere und genießen den Kontakt mit Menschen. Dazu gehört streicheln, kuscheln und spielen. Aber du solltest es langsam angehen. Denk daran, sie sind Beutetiere und könnten sich anfangs zurückziehen oder verstecken. Du solltest sie niemals aus einem Versteck holen. Sei stattdessen geduldig und sanft. Sie müssen lernen, dass sie dir vertrauen können und dass du ihnen nichts Böses willst. Je mehr Zeit du mit ihnen verbringst, desto mehr baust du dieses Vertrauen auf. Und sobald eure Beziehung gefestigt ist, solltest du deine Tiere mindestens einmal am Tag in die Hand nehmen. Mein Liebstes war es, meine Schweinchen in einen Kuschelsack zu legen und sie zu streicheln, bis sie neben mir auf der Couch nach einem langen Tag eingeschlafen sind. Sie zum Schnurren zu bringen, war unglaublich befriedigend!

EXPERTENRAT!

Meerschweinchen vergesellschaften

JULENE ROBINSON
Wheek Care Guinea Pig Rescue

Julene Robinson von Wheek Care Guinea Pig Rescue hat viel Erfahrung mit der Vergesellschaftung von Meerschweinchen. Hier sind ihre Expertentipps:

Zwei oder drei Meerschweinchen müssen sich auf neutralem Gebiet kennenlernen, außer sie kennen sich bereits. Diese Einführung ist entscheidend dafür, dass deine Schweinchen sich verstehen und eine glückliche Familie werden. Richtig gemacht, werden sie wahrscheinlich lebenslange Freunde. Es ist immer möglich, dass zwei sich nie verstehen, aber das ist selten. Sofortige Freundschaft ist auch oft schwer zu erreichen. Wie bei Menschen muss Freundschaft entwickelt werden - Vertrauen muss verdient werden.

Bei der Vergesellschaftung, besonders bei gleichaltrigen Böcken, führst du neue Schweinchen am besten auf neutralem Boden ein.

Erste Methode: Eine Person hält ein Schweinchen, eine zweite das andere - mit Abstand. Dann beide gleichzeitig loslassen und sie sich "finden" lassen. Ich mag immer einen großen Heuhaufen in der Mitte. Freundschaften entstehen besser über Futter. Manche reiben ihre Hände mit Handcreme ein und halten dann beide Schweinchen, damit sie "gleich riechen."

Es gibt fünf Schritte bei dieser Einführung:

Schritt 1: Die Schweinchen werden losgelassen und finden sich. Wenn sie merken, dass ein Fremder da ist, will jeder der Boss sein. Sie beschnuppern sich erst, um das Geschlecht zu prüfen. Männchen und Weibchen wollen beide Dominanz.

Schritt 2: Der "Spaß" beginnt. Jemand muss Boss werden. Jedes Schweinchen will "größer" erscheinen. Sie gähnen um ihre Zähne zu zeigen, knattern, machen Imponiergehabe (stampfen seitlich, knattern), jagen sich, scharren wie Stiere und besteigen sich. Diese Dominanzshow kann von Minuten bis über eine Stunde dauern.

Kleine Bissverletzungen können auftreten. AUSSER BEI SCHWEREN BLUTUNGEN ODER SCHÄDEN, TRENNE SIE NICHT! Sie machen das, was Meerschweinchen tun. Es sieht brutal aus, aber sie wissen was sie tun. Berühre, streichle oder rede nicht mit ihnen - du könntest gebissen werden.

Schritt 3: Wenn das Dominanzverhalten nachlässt, legen sich die Schweinchen mit Abstand hin. Sie haben die Hierarchie geklärt und testen die Lage. Lass sie in Ruhe!

Foto Von
Francine VanHorn

Schritt 4: Sie legen sich nebeneinander, in entgegengesetzte Richtungen schauend. Die Vergesellschaftung ist fast fertig. Lass sie mehrere Minuten ruhen.

Wenn die Einführung nicht am finalen Platz stattfindet, setze die neuen Freunde in einen großen Wäschekorb mit Fleecedecke und Heu. Die Fahrt nach Hause hilft, da sie zusammenkuscheln.

Zuhause in einen großen Käfig mit Heu, aber ohne Häuschen. Verlasse den Raum und lass sie machen. Nach etwa einer Stunde können sie ihre Häuschen zurückbekommen. TRENNE SIE NICHT, außer bei schweren Wunden. Kleine Bisse an Po und Gesicht sind normal. Wunde säubern und Antibiotika-Salbe mehrmals täglich auftragen.

Zweite Methode (mein Favorit): Nur für erfahrene Halter. Bade beide gleichzeitig in warmem Wasser mit duftendem Shampoo (kein Wasser in Ohren/Nase). Trockne sie ab. Wickle sie in ein großes Handtuch wie einen "Schweinchen-Burrito" - Seite an Seite, fest eingewickelt.

Halte sie so etwa eine Stunde, gib Leckerlis und rede mit ihnen. Der Stress wird zu Entspannung. Wenn sie unruhig werden, wickle sie aus und trockne weiter. Dann in sauberen Käfig mit viel Heu.

Bei Böcken reinige vorher noch ihre Analdrüsen mit Wattestäbchen.

Die Vergesellschaftung kann sofort klappen oder mehrere Versuche brauchen. Geduld ist der Schlüssel. Rangkämpfe sind normal. Solange keine SCHWEREN BLUTUNGEN (arterielle Spritzer, große Wunden, Augenverletzungen), NICHT TRENNEN! Das ist der größte Fehler. Meerschweinchen leben hierarchisch. Jemand muss Boss sein, und das müssen sie selbst klären.

Baby zu Erwachsenem: Relativ einfach - klar wer Boss ist. Besteigen ist normal, Baby versucht zu verstecken/rennen, aber Erwachsener schadet nicht. Dauert meist 15-20 Minuten.

Jugendlicher zu Erwachsenem: Jugendliche (besonders Böcke) testen Grenzen. Wie 15-jährige Jungs, die schauen wie weit sie gehen können. Der Erwachsene bleibt meist dominant.

In 23 Jahren Rettung gab es nur wenige Böcke, die ich nicht mit anderen vergesellschaften konnte. Bei zu dominanten Böcken ist Kastration die Lösung - nach drei Wochen Wartezeit kann er eine Freundin bekommen.

Extrem aggressive Böcke sind ungewöhnlich. Kastration hilft nicht nur durch Hormonreduktion, sondern deckt auch gesundheitliche Probleme auf. Ein aggressiver Bock hatte eine schwere Hodeninfektzion, ein anderer einen Hormonüberschuss - beide wären ohne Kastration gestorben.

Zusammenfassung: Bock-zu-Bock-Vergesellschaftung ist definitiv möglich. Mit Geduld und dem Verständnis, dass es Meerschweinchen und nicht Menschen sind, wird sie erfolgreich sein.

Janis Tibbetts (The Parsons Pigs) betont: „*Meerschweinchen sind gesellig; das heißt, sie bauen eine Bindung zu ihrem menschlichen Pfleger auf. Je mehr du sie hältst, mit ihnen sprichst und sie streichelst, desto mehr vertrauen sie dir und reagieren auf dich.*" Es ist wichtig, immer mindestens zwei dieser Tiere zu haben und ihnen die Möglichkeit zu geben, sich aneinander zu gewöhnen (falls sie nicht schon bei der Anschaffung miteinander vertraut sind). Ich habe nur Tiere genommen, die bereits aneinander gewöhnt waren.

Richtiger Umgang

Eine enge Bindung zu deinem Meerschweinchen wird nur möglich sein, wenn du weißt, wie du es richtig handhabst. Meerschweinchen müssen sich jederzeit bei dir sicher und geborgen fühlen. Ich habe das bereits erwähnt, aber um es zu wiederholen – du solltest immer darauf achten, dass der vordere und hintere Teil ihres Körpers vollständig gestützt wird. Du solltest sie niemals unter den Armen oder Schultern halten. Eine der besten Möglichkeiten, sie zu halten, ist, sie auf ein spezielles Polster zu legen und eine Hand auf ihnen zu platzieren. Ich kann mich nicht mehr

Eine weitere gute Möglichkeit, ein Meerschweinchen zu halten – seinen Körper mit einer Hand und dem Arm stützen und die andere Hand obenauf legen.

erinnern, wie das auf dem Bild links genannte Produkt hieß, aber ähnliche Artikel findest du auf Esty, indem du „Meerschweinchen-Kuschelkissen" eingibst. Oder du kannst sie auf deine Brust oder deinen Schoß legen. Es genügt zu sagen, dass Meerschweinchen sich jederzeit sicher und geschützt fühlen möchten. Du solltest sie niemals auf den Rücken legen.

Sara Pilgrim (Companions Spay & Neuter Clinic) sagt: *„Du solltest ihren Körper mit beiden Händen stützen, wenn du sie aus dem Käfig hebst, und sie so schnell wie möglich nah an deinen Körper bringen. Eine gute Methode, sie zu tragen, ist, alle vier Füße an deine Brust zu legen, während deine Hände ihren Po und Rücken stützen. Sie fühlen sich viel sicherer und wehren sich weniger, wenn ihr Körper auf diese Weise gehalten wird. Hebe ein Meerschweinchen niemals am Nackenfell hoch und lasse den Körper beim Anheben nicht baumeln, da dies zu Rückenverletzungen führen kann."*

Streicheln

Wie die meisten Tiere mögen Meerschweinchen es, von ihren menschlichen Begleitern gestreichelt zu werden. Viele genießen es, sanft hinter den Ohren und unter dem Kinn gekrault zu werden. Sie mögen es auch, vom Nacken bis zum Hinterteil gestreichelt zu werden. Achte darauf, immer in Wuchsrichtung des Fells zu streicheln; gegen den Strich zu streicheln, wird nicht gut ankommen. Wenn du deinem Meerschweinchen dabei noch Futter anbietest, verstärkst du die positive Erfahrung. Du merkst, dass du alles richtig machst, wenn dein Meerschweinchen anfängt zu schnurren oder zu gurren. Beißen und andere negative Reaktionen zeigen dir, dass du etwas falsch machst oder dass dein Meerschweinchen bestimmte Dinge nicht mag. Nimm dir Zeit für die körperliche Interaktion mit deinem Tier und sei geduldig, während sich ein neues Meerschweinchen an dich gewöhnt und Vertrauen fasst.

Spaßige Möglichkeiten zur Bindung

Neben dem Kuscheln und Streicheln deiner Meerschweinchen kannst du auch mit ihnen spielen. Einige mögen es, mit Bällen und anderen Spielzeugen zu fangen, und manche haben Spaß an einem

Es ist einfacher, ein jüngeres Meerschweinchen zu einem älteren hinzuzufügen, da klar ist, wer das Sagen hat.

leichten Tauziehen. Es macht auch Spaß, ein Futterlabyrinth für sie zu bauen. Das stellt sicher, dass sie ausreichend Nährstoffe bekommen und dabei geistig gefordert werden. Du kannst auch mit ihnen durch Tunnel, Röhren und Kauspielzeug spielen. Wenn du Zeit mit ihnen verbringst, lernst du, welche Spielweise jedes Schweinchen am lieb-

sten mag. Meine Jungs waren im Allgemeinen ziemlich entspannt, also bestand unsere Spielzeit meist aus Kuscheln und Streicheln. Baloo mochte manchmal Tauziehen, aber er wurde schnell müde und wollte einfach nur mit mir chillen. Sie waren meine ständigen Begleiter, während ich fernsehen schaute oder für die Uni lernte.

Wenn du lebhaftere Schweinchen hast und einen besonders anstrengenden Tag hattest, kannst du sie am Ende des Tages einfach auf deinem Bett oder Schreibtisch herumstreifen lassen. Aber natürlich sollten sie immer gut beaufsichtigt werden, da ein Sturz lebensgefährlich sein könnte (denk an ihre schwachen Wirbelsäulen). Lass sie auch niemals in unsicheren Bereichen frei herumlaufen – wie in Wohnungen, wo viele Elektrokabel oder andere gefährliche Gegenstände sind, an denen ein Meerschweinchen nagen oder denen es ausgesetzt sein könnte.

Training

Meerschweinchen können trainiert werden. Ich habe persönlich nie etwas Spezielles ausprobiert, aber andere Besitzer hatten Erfolg darin, ihnen beizubringen, auf Zuruf zu kommen, einen Ball zu schieben, ein Küsschen zu geben, sich im Kreis zu drehen und durch einen Reifen zu springen. Wenn du deinem Meerschweinchen einen Trick beibringen möchtest, solltest du hartnäckig, wiederholend sein und Futter als Belohnung verwenden. Natürlich solltest du immer geduldig sein.

Einige Schweinchen können sogar stubenrein werden. Manche Besitzer platzieren Katzentoiletten in den Käfigen ihrer Meerschweinchen. Laut *wildharvestpets.com* gibt es hier fünf Schritte, um dein Haustier stubenrein zu machen:

1. **Finde heraus, wo es gerne uriniert.** Meerschweinchen urinieren normalerweise an derselben Stelle.

2. **Platziere die Toilette an der identifizierten Stelle.** Da der Geruch von Urin bereits an diesem Ort vorhanden ist und du schon bemerkt hast, dass dein Tier dort regelmäßig sein Geschäft verrichtet, ist es der ideale Platz für die Toilette. Du kannst eine Toilette für Nagetiere im örtlichen Zoofachgeschäft kaufen oder selbst eine basteln.

3. **Belohne dein Haustier.** Wenn du deinem Meerschweinchen Leckerlis gibst, wenn es das Katzenklo benutzt, wird dieses Verhalten in Zukunft nur gefördert.

4. **Beteilige dich am Training.** Meerschweinchen haben kleine Blasen und müssen ungefähr alle 15 Minuten zur Toilette. Daher kann es schwierig sein, ihnen beizubringen, das Katzenklo zu benutzen. Wenn du jedoch auf Anzeichen wie Unruhe oder Rückwärtsgehen achtest und sie dann ins Katzenklo setzt, kann das helfen. Natürlich solltest du konsequent mit einem Leckerli als Belohnung verstärken.

5. **Schimpfe dein Meerschweinchen nicht.** Es kann schwierig sein, dein Schweinchen stubenrein zu bekommen, und es kann eine Weile dauern. Sei geduldig und schreie, brülle oder erniedrige dein Haustier niemals, wenn es länger dauert als erwartet.

TIPP : *Was auch immer du dich entscheidest, deinem Meerschweinchen beizubringen (oder nicht beizubringen), denk daran, dass deine Haustiere auf der grundlegendsten Ebene einfach nur Zeit mit dir verbringen wollen. Ihre geistige und emotionale Gesundheit ist genauso wichtig wie ihr körperliches Wohlbefinden.*

Stubenreinheitstraining

DIY-Streu-Boxen

Ich habe noch nie versucht, eines meiner Meerschweinchen stuben-rein zu machen, aber wenn ich es in der Zukunft probieren würde, würde ich wahrscheinlich einfach ein Produkt kaufen, das speziell dafür in mei-nem örtlichen Zoogeschäft entwickelt wurde (da ich annehme, dass dies die sicherste und effektivste Option ist). Aber das bin nur ich. Hier sind einige DIY-Optionen für Leute, die gerne selbst etwas basteln:

Essigwasserflaschen

Essigflaschen—besonders große, wie man sie bei Costco bekommt—können als Toilettenboxen verwendet werden. Du musst nur den Boden abschneiden und die Kanten abschleifen. Allerdings solltest du darauf achten, dass dein Meerschweinchen nicht am Kunststoff knabbert.

Auflaufformen

Diese Keramikschalen eignen sich hervorragend als Toiletten für Meerschweinchen. Du kannst jede beliebige Schale (eher kleiner) verwenden, die du zu Hause hast, oder du schaust mal in einem Secondhand-Laden nach einer günstigen. Achte nur darauf, dass die Seiten nicht zu hoch sind - dein Schweinchen könnte sonst nicht hineinkommen.

Foto Von
Tina Wampler

Zeitung

Du kannst auch Zeitungspapier zu einer Art Einstreu umfunktionieren oder einfach einen bestimmten Bereich im Käfig damit auslegen (wie oben im Bild zu sehen). Bei dieser Option musst du vorsichtig sein, da es gefährlich für Meerschweinchen ist, auf gefärbtem Papier zu kauen.

Weitere hilfreiche Tipps für die Stubenreinerziehung

- Am Anfang des Trainings solltest du alle Köttel, die außerhalb der Toilette liegen, einsammeln und hineinlegen. Das hilft deinem Meerschweinchen zu verstehen, dass es dort zur Toilette gehen soll.
- Was auch immer du in die Einstreu-Box legst (wie Aspen-Späne, Papierpellets usw.), es sollte sich von dem Material im Rest des Käfigs unterscheiden. Das hilft, diesen Bereich für dein Haustier als Toilette zu markieren.
- Wenn du dich entscheidest, eine richtige Kiste oder einen Behälter zu verwenden, solltest du deinem Meerschweinchen beibringen, wie es hineinspringt. Das kannst du tun, indem du es mit seinem Lieblingsgemüse oder anderen Leckereien hineinlockst.
- Du kannst dein Haustier dazu ermutigen, das Streu-Klo zu benutzen, indem du Heu, Futternäpfe und Spielzeug hineinlegst (oder in die Nähe stellst). Natürlich musst du darauf achten, dass noch genug Platz für das Meerschweinchen selbst vorhanden ist. Du solltest darauf achten, das Streu-Klo regelmäßig zu reinigen; sonst könnte dein Meerschweinchen davon abgehalten werden, es zu benutzen.
- Ein weiterer Grund für einen großen Käfig: Du könntest mehrere Toilettenecken aufstellen (besonders wenn du mehr als ein Tier hast – was du haben solltest!), da jedes Meerschweinchen möglicherweise unterschiedliche Lieblingsplätze hat.

KAPITEL 8

Körpersprache und Kommunikation verstehen

Körpersprache

Wenn du viel Zeit mit deinem Meerschweinchen verbringst, wirst du auch ein Gefühl dafür bekommen, welche Bewegungen es macht und was jeder Sprung, jedes Zucken und jeder Ausfall bedeutet. Natürlich gibt es aber allgemeine Verhaltensweisen, die die meisten Meerschweinchen zeigen.

Positive Gesten und Geräusche

Jedes Meerschweinchen, dem ich je begegnet bin, hat immer „Popcorning" gemacht, was bedeutet, dass es in die Luft springt (ähnlich wie Popcorn in einer Maschine). Dies passiert typischerweise, wenn das Tier glücklich ist. Es kann auch ein Zeichen von Angst sein, aber das ist selten. Es ist nicht nur

Foto Von Erin Mannie

unglaublich niedlich, sondern wahrscheinlich auch ein Hinweis darauf, dass du gut Arbeitbei der Pflege deines Meerschweinchens leistest. Ich habe Meerschweinchen popcornen sehen, wenn Menschen sich ihren Käfigen mit Futter oder Leckerbissen nähern oder wenn ein neuer, spaßiger Gegenstand in ihr Gehege gestellt wird. Andere positive Körperhaltungen sind das Lecken (eine Art der Fellpflege, die ich bereits erwähnt habe) und das ausgestreckte Liegen, was darauf hindeutet, dass sich dein Meerschweinchen wohlfühlt, während es in deiner Nähe oder auf deinem Schoß entspannt.

Glückliche Geräusche

Die Laute, die ein zufriedenes Meerschweinchen von sich gibt, umfassen Folgendes:

- **Glucksen** (auch „Klucken" genannt). Meerschweinchen machen ähnliche Geräusche wie eine Glucke, wenn sie mit dir oder ihren Käfiggenossen interagieren. Es zeigt, dass sie Spaß haben.

- **Schnurren.** Wie Katzen schnurren auch Meerschweinchen, wenn sie zufrieden und entspannt sind, während sie mit dir kuscheln.

- **Murmeln.** Dieser Laut vermittelt typischerweise Beruhigung. Es ist ein Zeichen der Zuneigung, das Meerschweinchen in der Nähe ihrer Menschen oder ihres Nachwuchses machen.

- **Schnarchen** ist ebenfalls ein Zeichen dafür, dass sich dein Meerschweinchen besonders wohlfühlt, wenn es mit dir kuschelt. Es ist jedoch wichtig, dies nicht

FUNFACT
Ältestes Meerschweinchen

Laut dem Guinness-Weltrekord hieß das älteste Meerschweinchen Snowball und lebte 14 Jahre und 10 Monate. Ein weiteres langlebiges Meerschweinchen war Bear, der 14 Jahre alt wurde und 2021 starb. Die durchschnittliche Lebensdauer eines Hausmeerschweinchens beträgt fünf bis sieben Jahre.

mit dem Keuchen und Klicken beim Atmen zu verwechseln, das ich im Abschnitt über Atemwegserkrankungen erwähnt habe.

- **Pfeifen/Quietschen.** Manchmal ist es unwillkürlich, aber Meerschweinchen können pfeifen, wenn sie über etwas aufgeregt sind (besonders wenn du dich ihrem Käfig mit Futter näherst). Wenn du jemals in der Nähe eines Meerschweinchens warst, weißt du genau, wie dieser Laut klingt.

Foto Von
Dori Jordan

Meerschweinchen lieben es, Zeit mit ihren menschlichen Gefährten außerhalb ihres Käfigs zu verbringen.

Vier Anzeichen, dass deine Meerschweinchen dich lieben

1. Sie lassen sich von dir hochheben.

2. Sie knabbern an deinen Schuhen, Füßen oder Händen.

3. Sie fressen Futter direkt aus deiner Hand (und es ist noch besser, wenn dein Tier sich streicheln lässt, während es frisst).

4. Sie „quieken", wenn du den Raum betrittst (ein Zeichen dafür, dass sie deine Gesellschaft genießen).

Negative Gesten und Geräusche

Körperhaltungen, die dir vermitteln können, dass dein Meerschweinchen unglücklich ist, umfassen: Zurückweichen, wenn du versuchst, es hochzuheben; Zappeln oder Beißen, während es gehalten wird; Erstarren (was darauf hindeutet, dass es durch etwas erschreckt oder verängstigt ist); Stolzieren (seitliches Bewegen auf steifen Beinen, was ein Akt der Dominanz sein kann); Kopfwerfen in die Luft (womit dein Meerschweinchen dich bitten kann, mit dem Streicheln aufzuhören); und auf zwei Beinen stehen (besonders wenn es von Zähnefletschen begleitet wird, kann dies ein Zeichen dafür sein, dass dein Meerschweinchen sich aggressiv fühlt).

Wütende oder gereizte Geräusche

Wenn ein Meerschweinchen genervt oder verärgert ist, kann es folgende Laute von sich geben:

- **Zähneklappern.** Im Gegensatz zum fröhlicheren Glucksen ist es, wenn die Zähne ins Spiel kommen, eine Art für dein Meerschweinchen zu sagen: „Hör auf damit!" Es ist eine aggressive Lautäußerung.

- **Schnurren.** Ich weiß, ich habe gesagt, dass dies ein gutes Geräusch ist, aber wenn es höher klingt, kann dieser Laut Verärgerung

Ein Meerschweinchen, das seine Zähne zeigt

anzeigen. Darüber hinaus kann ein „kurzes" Schnurren ein Anze-ichen für Angst oder Unsicherheit sein.

- **Fauchen.** Ähnlich wie andere Tiere, zum Beispiel Katzen, faucht ein Meerschweinchen oft, wenn es sich bedroht oder verärgert fühlt.

- **Quietschen.** Ein durchdringendes Quietschen ist ein Alarmruf in Bezug auf Angst oder Schmerz, das ein Meerschweinchen erlebt.

- **Kreischen.** Dein Meerschweinchen macht dieses Geräusch, wenn es unglücklich oder gestresst ist. Kreischen tritt typischerweise auf, wenn ein Meerschweinchen sich gemobbt fühlt oder tatsächlich von Käfiggenossen gebissen wird.

- **Jammern.** Genau wie Menschen jammert ein Meerschweinchen, wenn es genervt ist oder etwas in seiner Umgebung nicht mag.

- **Trillern.** Obwohl dies oft als das am wenigsten verstandene Geräusch gilt, das Meerschweinchen machen, scheint es aufzutreten, wenn ein Meerschweinchen von seiner Familie getrennt wird.

Neutrale Gesten und Geräusche

Einige davon wurden bereits als positiv oder negativ aufgeführt, werden hier aber wiederholt, weil manchmal die Körperhaltungen und Geräusche, die ein Meerschweinchen macht, überhaupt nichts bedeuten können. Dazu gehören:

- **Aufreiten.** Dies ist entweder eine Fortpflanzungshaltung (wenn es zwischen einem Männchen und einem Weibchen geschieht), oder es kann ein Zeichen der Dominanz innerhalb der sozialen Struktur eines Meerschweinchens sein (dies tritt oft zwischen Weibchen auf).

- **Duftmarkierung.** Meerschweinchen reiben ihr Kinn, ihre Wangen und ihr Hinterteil an Gegenständen und Oberflächen, die sie als ihre markieren möchten. Allerdings kann auch Urinieren diesem Zweck dienen.

- **Schnüffeln.** Als Beutetiere ist ihr Sehvermögen nicht unbedingt das beste, und sie verlassen sich stark auf ihre anderen Sinne, um ihre Umgebung zu verstehen. Daher nutzen sie ihre Nasen und ihren Geruchssinn, um sich an ihre Umgebung zu gewöhnen und andere Meerschweinchen kennenzulernen (wie das gegenseitige Beschnüffeln an Nase, Kinn, Ohren und Hinterteil).

Foto Von
Ashley Seweryn

- **Kopfheben.** Dies kann ein Zeichen der Dominanz sein, wenn ein Kopf in der Nähe von Käfiggenossen gehoben wird. Es kann jedoch auch einfach ein Hinweis darauf sein, dass dein Haustier etwas gehört oder gerochen hat, das es überrascht hat.

- **Brummen.** Dieses Geräusch ist tiefer als ein Schnurren, und ein männliches

Meerschweinchen kann diesen Laut von sich geben, wenn es versucht, sich mit einem Weibchen zu paaren. Es ist Teil des sogenannten „Paarungstanzes".

- **Weglaufen vor deiner Hand.** Wie gesagt, als Beutetiere sind Meerschweinchen von Natur aus vorsichtig und defensiv. Es ist daher normal, dass sie deine Hand meiden, wenn du sie zum ersten Mal hochnehmen willst. Hab einfach Geduld mit deinem Haustier und nimm es langsam und sanft hoch.

- **Gähnen.** Wie das Heben des Kopfes kann Gähnen ein Zeichen der Dominanz sein – aber es kann auch ein Zeichen dafür sein, dass dein Meerschweinchen sich wohlfühlt und bereit für ein Nickerchen ist.

Eines der Dinge, die ich an Mowgli und Baloo am meisten vermisse, sind die Geräusche, die sie machten. Sie „quiekten" immer, wenn entweder mein Freund oder ich den Kühlschrank öffneten – besonders wenn sie hören konnten, wie wir die Gemüseschublade öffneten, was normalerweise bedeutete, dass wir etwas Koriander (ihre Lieblingsleckerei) für sie holten. Ich vermisse es auch, sie schnurren zu hören, während wir zusammen auf dem Sofa kuschelten. Verdammt, ich

FUNFACT
Einzigartige Pfoten

Meerschweinchen haben vierzehn Zehen, wobei sich die Anzahl der Zehen an den Vorderfüßen von denen an den Hinterfüßen unterscheidet. An jedem Vorderfuß eines Meerschweinchens befinden sich vier Zehen, während die Hinterfüße nur drei Zehen haben. Diese Anpassung könnte vorteilhaft für das Graben von Tunneln sein, was Meerschweinchen in freier Wildbahn zum Überleben nutzen.

vermisse sogar ihre Liebesbisse, die manchmal ein wenig schmerzhaft waren, aber ich wusste, dass sie nur verspielt waren. Ich vermisse es auch, sie popcornen zu sehen. Sie taten dies, wenn sie aufgeregt waren, und am häufigsten, wenn wir durch die Tür unserer Wohnung kamen.

Wenn du denkst, dass Meerschweinchen das richtige Haustier für dich sind, freue ich mich sehr darauf, dass du deine eigenen pelzigen Freunde nach Hause bringst und ihre einzigartigen Persönlichkeiten, Temperamente und Geräusche erlebst!

Foto Von
Ashley Seweryn

KAPITAL 9

Die Pflege von älteren Meerschweinchen

Einige Fachleute bezeichnen ein Meerschweinchen ab vier Jahren als „Senior", andere erst ab fünf Jahren. In jedem Fall gelten sie etwa ab der Hälfte ihrer typischen Lebenszeit (sieben bis acht Jahre) als ältere Tiere. Mit zunehmendem Alter benötigen sie oft besondere Pflege und Aufmerksamkeit. Natürlich altert jedes Tier unterschiedlich und zeigt Alterserscheinungen zu verschiedenen Zeitpunkten; dies ist nur eine allgemeine Orientierung. Wenn du dich für ein Meerschweinchen entscheidest, bedeutet das eine langfristige Verpflichtung – die hoffentlich auch die Betreuung des Tieres in seinen späteren Jahren einschließt.

Körperliche und Stimmungsveränderungen

Alternde Meerschweinchen verlieren häufig Muskelmasse, Fell und Gewicht*. Sie können auch Verhaltensänderungen zeigen, wie weniger Interesse an Rampen hochzulaufen, zu „popcornen" (Luftsprünge zu machen), sich generell zu bewegen usw. Überlege mal: Ältere Menschen reagieren ähnlich und schränken ihre Bewegungen ein, wenn sie beginnen, Schmerzen zu verspüren. Meerschweinchen stellen möglicherweise auch Aktivitäten wie die Fellpflege und das Nagen an Holz zur Zahnkürzung ein. In solchen Fällen musst du eingreifen und diese Aufgaben regelmäßig übernehmen oder fördern. Bei zu langen Zähnen kannst du versuchen, duftende Kräutermischungen (bitte unbedingt

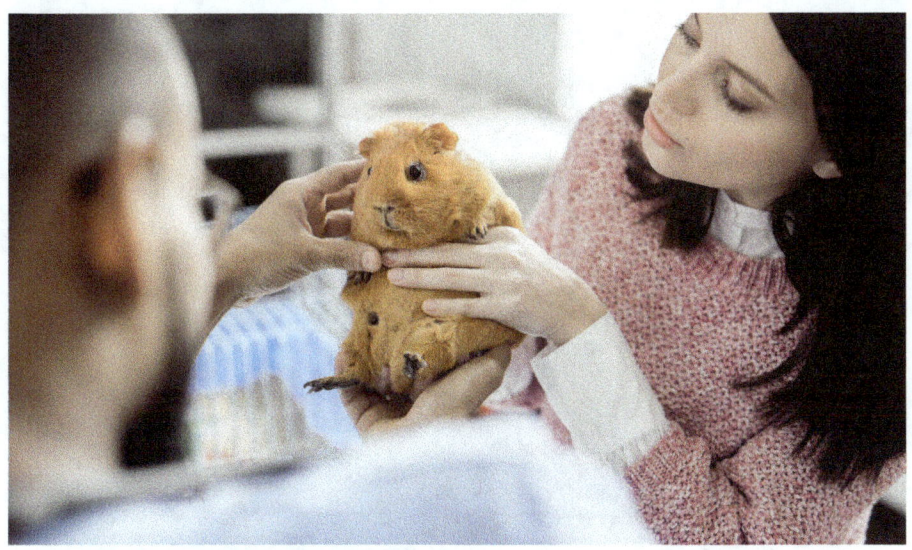

mehrfach prüfen, ob sie für Meerschweinchen unbedenklich sind!) über das Heu zu streuen, um das ältere Meerschweinchen zum Fressen zu animieren. Und schau bitte im Pflegeabschnitt dieses Buches nach, wenn du Vorschläge und Hilfe in diesem Bereich benötigst!

Genau wie ältere Menschen sind auch Senioren-Meerschweinchen empfindlicher, und ihre Hygiene sowie allgemeine Sauberkeit sind von größter Bedeutung, wenn es darum geht, die Lebensqualität deines Haustieres zu erhalten.

Notwendige medizinische Betreuung

Ältere Meerschweinchen können verschiedene Beschwerden entwickeln, darunter Arthritis (typischerweise in den Knien) sowie Magen-Darm-, Zahn- und Harnwegsprobleme.

Je nach Geschlecht können auch spezifische Probleme auftreten. Weibchen (Sauen), die nicht kastriert wurden, können beispielsweise Eierstockzysten entwickeln. Diese Zysten können wachsen und schließlich platzen, wenn sie unbehandelt bleiben, was das Leben des Meerschweinchens gefährden kann. Andererseits benötigen Böcke (Männchen), wie ich bereits angedeutet habe, möglicherweise

Ältere Meerschweinchen müssen wahrscheinlich häufiger vom Tierarzt untersucht werden

regelmäßige Reinigung ihrer Analdrüsen, um Kotansammlungen zu entfernen, wenn sie die Fähigkeit verlieren, dies selbst zu tun.

Bitte bedenke, dass Meerschweinchen als Beutetiere Anzeichen von Krankheiten so gut wie möglich verbergen. Daher solltest du ein älteres Meerschweinchen in kürzeren Abständen zum Tierarzt bringen (auch wenn du keine Veränderungen in seinem Körper oder seiner Stimmung bemerkst), damit ein Fachmann es untersuchen und Krankheiten ausschließen kann.

Umgebungsanpassungen

Du wirst wahrscheinlich feststellen, dass dein älteres Meerschweinchen mehr schläft als in jüngeren Jahren. Du solltest darauf eingehen, indem du weiches Einstreu und andere Komfortartikel anbietest, die einen erholsamen Schlaf fördern. Aber denke bitte daran, dass du einen Käfig niemals überfüllen solltest, egal wie alt dein Tier wird.

Ältere Meerschweinchen können mit zunehmendem Alter ihr Sehvermögen verlieren. Daher solltest du in Erwägung ziehen, zweistöckige Gehege in einstöckige umzuwandeln. Vermeide es außerdem, Einrichtungsgegenstände, Futternäpfe, Wasserflaschen usw. zu oft umzustellen, da dein Meerschweinchen sich stark auf frühere Routinen verlassen könnte, um diese Gegenstände zu finden.

Ernährungsumstellungen

Neben den bereits erwähnten Heu-Tricks gibt es weitere Dinge, die du möglicherweise bei der Ernährung deines Meerschweinchens anpassen musst. Du solltest beispielsweise die Menge an Pellets abmessen, um Blasensteine zu vermeiden, und genau überwachen, wie viel Futter (und Wasser) dein Tier zu sich nimmt.

Weitere Überlegungen

Wenn du anfangs zwei oder mehr Meerschweinchen hattest und die anderen inzwischen verstorben sind, sodass du nur noch ein älteres Meerschweinchen hast, solltest du überlegen, ihm einen neuen Spielgefährten zu geben. Einsame Meerschweinchen werden depressiv und verlieren langsam ihren Lebenswillen.

Wenn du weitere Bedenken bezüglich deiner älteren Meerschweinchen hast, solltest du nie zögern, dich an deinen Tierarzt zu wenden!

Je nachdem, wie alt dein Meerschweinchen ist (besonders wenn es sich dem Alter von sieben oder acht Jahren nähert), solltest du dich möglicherweise auf sein natürliches Ableben vorbereiten. Das ist unglaublich traurig, aber der Tod ist ein natürlicher Teil des Lebens. Wenn dein Meerschweinchen stirbt, versuche dankbar für die Zeit zu sein, die ihr miteinander verbringen konntet, und erinnere dich daran, dass du ihm das bestmögliche Leben gegeben hast!

www.ingramcontent.com/pod-product-compliance
Lightning Source LLC
Chambersburg PA
CBHW061700120626
46550CB00003B/1023